Mind the Trap – 11 typische Unternehmensfallen

Daniel R. A. Schallmo • Leo Brecht

Mind the Trap – 11 typische Unternehmensfallen

Frühzeitig erkennen, bewerten und erfolgreich vermeiden

Springer Gabler

Daniel R. A. Schallmo
Institut für Business Model Innovation
Ulm
Deutschland

Leo Brecht
Institut für Technologie- und
Prozessmanagement
Universität Ulm
Ulm
Deutschland

ISBN 978-3-658-09564-2   ISBN 978-3-658-09565-9 (eBook)
DOI 10.1007/978-3-658-09565-9

Die Deutsche Nationalbibliothek verzeichnet diese Publikation in der Deutschen Nationalbiblio-
grafie; detaillierte bibliografische Daten sind im Internet über http://dnb.d-nb.de abrufbar.

Springer Gabler

Lektorat: Eva-Maria Fürst

Gedruckt auf säurefreiem und chlorfrei gebleichtem Papier

Springer Fachmedien Wiesbaden ist Teil der Fachverlagsgruppe Springer Science+Business Media
(www.springer.com)

Vorwort

Im Rahmen unserer praktischen und wissenschaftlichen Tätigkeit sind wir vielen Unternehmen begegnet, die sich in typischen unternehmerischen Fallen (=Traps) befanden. Zu solchen Traps gehört zum Beispiel die Commodity Trap, die sich durch eine zunehmende Homogenität von Produkten und Dienstleistungen innerhalb einer Industrie auszeichnet. Die Commodity Trap hindert Unternehmen daran, sich mit innovativen, andersartigen Produkten und Dienstleistungen gegenüber Wettbewerbern zu differenzieren und angemessene Marktpreise durchzusetzen. Eine weitere Trap ist zum Beispiel die Routine Trap, bei der ein Unternehmen nicht feststellt, dass Routinen aufgrund veränderter Gegebenheiten angepasst werden müssen. Es wird also an Routinen festgehalten, die ein Unternehmen einst erfolgreich gemacht haben, nun aber eine Leistungssteigerung verhindern.

Unternehmen, die es schaffen, solche Traps frühzeitig zu erkennen, zu bewerten und Instrumente einzusetzen, die es ermöglichen die Traps zu umgehen, haben langfristig einen großen Vorteil gegenüber ihren Mitbewerbern.

Das vorliegende Buch bietet Praktikern unterschiedlicher Branchen eine Übersicht über die häufig auftretenden Traps. Diese Traps werden jeweils anhand einer einheitlichen Struktur beschrieben. Die Beschreibung wird um Beispiele ergänzt und ein Wirkungsnetz zeigt die Abhängigkeiten von Auslösern und Folgen auf. Eine Checkliste mit Indikatoren dient einer frühzeitigen Erkennung und Bewertung der Traps. Die enthaltenen Lösungsansätze helfen dabei, die Traps frühzeitig zu umgehen, beziehungsweise zu verlassen. Dieses Buch hat nicht den Anspruch, alle möglichen Traps, denen Unternehmen begegnen könnten aufzuzeigen. Stattdessen ist das Ziel dieses Buches, Sie hinsichtlich der Identifikation der Traps zu sensibilisieren und Ihnen dafür einen strukturierten Ansatz bereit zu stellen. Die Auslöser, Folgen, Indikatoren und Lösungsansätze je Trap sind exemplarisch dargestellt und können nach Bedarf angepasst werden. Wir danken allen Beteiligten Kollegen am Institut für Technologie- und Prozessmanagement an der Universität Ulm, die uns unterstützt haben: Andrea Bezold, Sandra Gneger, Christiane Huber,

Julian Kauffeldt, Thomas Mahnke, Marc Osswald, Andreas Schöler und Laura Za-
kowski. Wir danken ebenso unserer Lektorin, Eva-Maria Fürst, für die tatkräftige
Unterstützung.
Wir wünschen allen Leserinnen und Lesern viel Freude beim Lesen. Mind the
Trap.

Ulm, im Oktober 2015   Daniel Schallmo

                                                                                   Leo Brecht

Inhaltsverzeichnis

Über die Autoren

Dr. Daniel R. A. Schallmo ist Wirtschaftswissen-schaftler, Unternehmensberater, Dozent und Autor. Er leitet das Institut für Business Model Innovation und hat als Forschungsschwerpunkt die Entwicklung und Anwendung einer Methode zur Innovation von Geschäftsmodellen, vorwiegend in Business-to-Business-Märkten.

Daniel Schallmo ist Autor zahlreicher Publikationen und Mitglied in Forschungsgesellschaften (u. a. Academy of Marketing Science, American Marketing Association, European Marketing Academy). Zudem ist er für wissenschaftliche Zeitschriften bzw. Forschungsgesellschaften als Gutachter tätig (z. B. Journal of Strategic Marketing, Business Process Management Journal, European Academy of Management, European Marketing Academy). Er ist Mitglied des wissenschaftlichen Beirats der International Society for Professional Innovation Management (ISPIM), Mitglied des Herausgeberrats des Journal of Investment and Management (JIM) und Herausgeber des Open Journal of Business Model Innovation (OJBMI).

Daniel Schallmo ist in Bachelor- und Masterstudiengängen (z. B. Universität Ulm) für die Themengebiete Design Thinking, Strategie-, Geschäftsmodell-, Prozess- und Innovationsmanagement als Dozent tätig. Zuletzt war er Gastprofessor an der Deutschen Universität in Kairo, Ägypten. Er verfügt über mehrere Jahre Praxiserfahrung, die er in Unternehmen der verarbeitenden Industrie, des Handels, der Medien, der Unternehmensberatung und des Bauwesens gewonnen hat. Diese Praxiserfahrung bringt er in die Beratung ein und unterstützt dabei Unternehmen bei der Entwicklung und Implementierung neuer Geschäftsmodelle.

 **Prof. Dr. Leo Brecht** ist Leiter des Instituts für Pro-
zess- und Technologiemanagement an der Universi-
tät Ulm und Titularprofessor an der Universität St.
Gallen, Schweiz. Zu seinen Arbeitsschwerpunkten
zählen Innovationen und Strategien zur Geschäfts-
entwicklung, Effizienz- und Effektivitätssteigerun-
gen, Prozess- und Technologiemanagement. Er ist
Autor zahlreicher Bücher und Dozent in MBA Stu-
diengängen zu Themen Strategie, Innovation, Prozess und Technologie.

Vor seiner Berufung nach Ulm im Jahre 2008 war
Leo Brecht vier Jahre CEO der Arthur D. Little Schweiz AG und davor langjährig
in Managementpositionen bei Arthur Andersen. Zuvor leitete er fünf Jahre das For-
schungsprogramm Business Engineering an der HSG. Er besitzt drei Jahre Indus-
trieerfahrung in der Automatisierung, während dieser Zeit war er Verwaltungsrat
der familieneigenen Industrieunternehmung.

Neben seiner universitären Laufbahn ist Leo Brecht Verwaltungsrat zweier
KMUs. die sich auf Prozess-, Technologie- und Innovationsmanagement spezia-
lisiert haben.

Einleitung

1

Zusammenfassung

Unternehmen sehen sich heute zahlreichen internen und externen Einflüssen
ausgesetzt, die sie dazu zwingen, ihr bestehendes Geschäftsmodell zu überden-
ken und anzupassen. Es stellt sich allerdings die Frage, wie diese Einflüsse
systematisch erhoben und bewertet werden können, um darauf aufbauend Lösungen zu entwickeln.

Auf Basis von praktischen und wissenschaftlichen Erkenntnissen wurde ein Vorgehen entwickelt, um systematisch das eigene Geschäftsmodell zu beschreiben,
relevante Traps zu identifizieren, diese zu bewerten und geeignete Lösungsansätze
abzuleiten. Abbildung 1.1 zeigt das Vorgehen zu Mind the Trap auf.

Initiales Assessment des Geschäftsmodells
Im ersten Schritt wird das bestehende Geschäftsmodell eines Unternehmens beschrieben. Hierfür liegt ein Raster mit Leitfragen vor, das in Kap. 2 vorgestellt
wird. Aufbauend auf der Beschreibung des Geschäftsmodells wird eine Bewertung
vorgenommen.

Identifikation relevanter Traps
Nach dem Assessment erfolgt die Identifikation relevanter Traps, also das Treffen
einer engeren Auswahl an Traps. Diese engere Auswahl wird anschließend bewertet, um die finale Trap, von der das Unternehmen betroffen ist, auszuwählen. Hierbei kann ein Unternehmen auch von mehreren Traps betroffen sein.

© Springer Fachmedien Wiesbaden 2016   1
D. R. A. Schallmo, L. Brecht, *Mind the Trap – 11 typische Unternehmensfallen,*
DOI 10.1007/978-3-658-09565-9_1

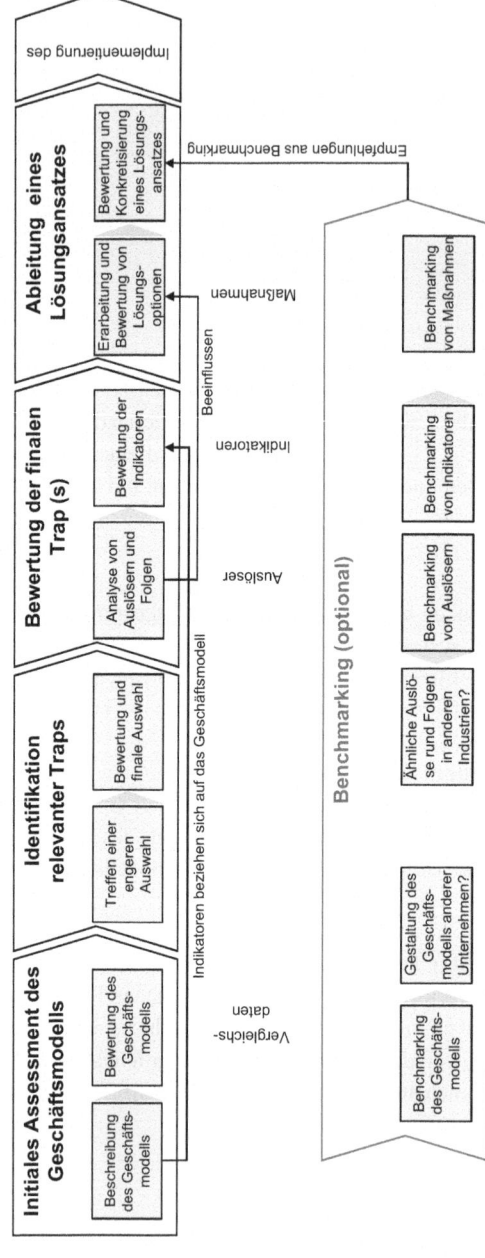

Abb. 1.1 Vorgehen zu Mind the Trap

Bewertung der finalen Trap (s)
In diesem Schritt werden die Auslöser und Folgen der finalen Trap bzw. Traps analysiert und mit Indikatoren bewertet. Dabei werden die in der jeweiligen Trap beschriebenen Auslöser und Folgen, sowie Indikatoren zur Hilfe genommen und bei Bedarf ergänzt. Die Indikatoren beziehen sich auf einzelne Dimensionen des Geschäftsmodells oder auf den Markt.

Ableitung eines Lösungsansatzes
Abhängig von der Trap, die ein Unternehmen bedroht, wird ein Lösungsansatz erarbeitet und bewertet. Hierfür dienen die beschriebenen Lösungsansätze der jeweiligen Traps sowie die Erkenntnisse aus der Analyse der Auslöser und Folgen. Der Lösungsansatz wird anschließend bewertet und konkretisiert.

Implementierung
Nach der Konkretisierung eines Lösungsansatzes erfolgt die Implementierung, auf die im weiteren Verlauf nicht näher eingegangen wird.

Benchmarking
Zusätzlich zu dem beschriebenen Vorgehen kann ein Benchmarking durchgeführt werden, um ebenfalls die externe Sicht zu berücksichtigen. Hierfür fließen Vergleichsdaten aus der Bewertung des Geschäftsmodells, Auslöser, Indikatoren und Maßnahmen in das Benchmarking ein. Die Empfehlungen aus dem Benchmarking werden dann innerhalb der Bewertung und Konkretisierung des Lösungsansatzes genutzt.

Nachfolgend werden das Initial-Assessment des Geschäftsmodells und die Traps überblicksartig dargestellt sowie in den Gesamtkontext eingeordnet. Im Anschluss werden die jeweiligen Traps beschrieben, Beispiele aufgezeigt und ein Wirkungsnetz mit Auslösern und Folgen skizziert. Die Indikatoren dienen der Bewertung der Trap, um darauf aufbauend geeignete Lösungsansätze zu erarbeiten.

Initial-Assessment des Geschäftsmodells

2

Zusammenfassung

Im Rahmen eines Initial-Assessments wird das bestehende Geschäftsmodell eines Unternehmens beschrieben. Darauf aufbauend wird in Abhängigkeit der identifizierten Trap das analysierte Geschäftsmodell und dessen Eigenschaften bewertet, um Gewissheit hinsichtlich der Trap, von dem das Unternehmen betroffen ist, zu haben und die Intensität der Trap zu messen. Je nach Intensität werden dann Handlungsempfehlungen abgeleitet.

Zur Analyse bestehender Geschäftsmodelle ist ein einheitliches Beschreibungsraster notwendig. Um die auftretende Komplexität zu reduzieren und eine bessere Übersicht sicherzustellen, werden Geschäftsmodell-Dimensionen gebildet, die Geschäftsmodell-Elemente eines Themenbereichs (z. B. Kunden) zusammenfassen. Die Geschäftsmodell-Dimensionen sind den Geschäftsmodell-Elementen übergeordnet.

Auf Basis von bestehenden Ansätzen und deren Synthese lassen sich die **Geschäftsmodell-Dimensionen** folgendermaßen erläutern (Schallmo, 2013a und 2013b):

* **Kundendimension**: Welche Kundensegmente werden mit dem Geschäftsmodell erreicht? Wie werden die Kundensegmente erreicht? Wie ist die Beziehung zu Kundensegmenten ausgestaltet?
* **Nutzendimension**: Welcher Nutzen wird durch welche Leistungen für Kundensegmente gestiftet?
* **Wertschöpfungsdimension**: Welche Ressourcen und Fähigkeiten liegen vor, um die Leistungen zu erstellen und das Geschäftsmodell zu betreiben? Welche Prozesse werden ausgeführt?

© Springer Fachmedien Wiesbaden 2016
D. R. A. Schallmo, L. Brecht, *Mind the Trap – 11 typische Unternehmensfallen,*
DOI 10.1007/978-3-658-09565-9_2

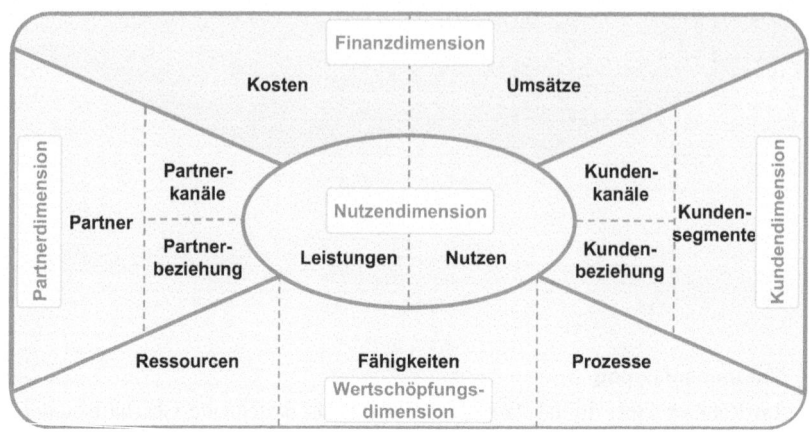

Abb.2.1 Raster mit Geschäftsmodell-Dimensionen und -Elementen (Schallmo, 2013a)

- **Partnerdimension**: Welche Partner liegen für das Geschäftsmodell vor? Wie wird mit den Partnern kommuniziert und wie werden die Leistungen beschafft? Welche Beziehung liegt zu den jeweiligen Partnern vor?
- **Finanzdimension**: Welche Umsätze werden mit den Leistungen erzielt? Welche Kosten werden durch das Geschäftsmodell verursacht? Welche Mechanismen kommen jeweils für Umsätze und Kosten zum Einsatz?

Leitfragen zur **Beschreibung von Geschäftsmodellen**

Um das Geschäftsmodell eines Unternehmens zu verstehen, dient das in Abb. 2.1 dargestellte Raster mit Geschäftsmodell-Dimensionen und -Elementen. Es erfolgt nun die Darstellung von Leitfragen, die im Rahmen der Beschreibung eines bestehenden Geschäftsmodells unterstützen (Schallmo, 2013a und 2013b).

Die Leitfragen im Rahmen der **Kundensegmente** sind folgende:

- Welche Kundenbedürfnisse liegen vor und wie sind Kundensegmente gebildet?
- Welche Kundensegmente werden als erstes bearbeitet?
- Welcher Nutzen wird für die Kundensegmente gestiftet und wie viel sind die Kunden bereit zu bezahlen?
- Welchen Wert haben die Kundensegmente für das Unternehmen und welche Kundensegmente sind am wichtigsten?

Die Leitfragen im Rahmen der **Kundenkanäle** sind folgende:

- Wie sind die Kommunikations- und Vertriebskanäle in die Prozesse (z. B. Anfrage, Beschaffung) der Kunden integriert?
- Mittels welcher Kommunikations- und Vertriebskanäle werden viele Kunden erreicht?
- Mittels welcher Kommunikations- und Vertriebskanäle werden die Kundensegmente erreicht?

stellt die Geschäftsmodell-Dimensionen und -Elemente graphisch dar. Die graphische unterstützt bei der vollständigen und einheitlichen Beschreibung existierender Geschäftsmodelle; zudem können die Zusammenhänge der Geschäftsmodell-Elemente dargestellt warden.

Leitfragen zur Beschreibung von Geschäftsmodellen
Um das Geschäftsmodell eines Unternehmens zu verstehen, dient das in Abb. 2.1 dargestellte Raster mit Geschäftsmodell-Dimensionen und -Elementen. Es erfolgt nun die Darstellung von Leitfragen, die im Rahmen der Beschreibung eines bestehenden Geschäftsmodells unterstützen (Schallmo, 2013a und 2013b).
Die Leitfragen im Rahmen der **Kundensegmente** sind folgende:

- Welche Kundenbedürfnisse liegen vor und wie sind Kundensegmente gebildet?
- Welche Kundensegmente werden als erstes bearbeitet?
- Welcher Nutzen wird für die Kundensegmente gestiftet und wie viel sind die Kunden bereit zu bezahlen?
- Welchen Wert haben die Kundensegmente für das Unternehmen und welche Kundensegmente sind am wichtigsten?

Die Leitfragen im Rahmen der **Kundenkanäle** sind folgende:

- Wie sind die Kommunikations- und Vertriebskanäle in die Prozesse (z. B. Anfrage, Beschaffung) der Kunden integriert?
- Mittels welcher Kommunikations- und Vertriebskanäle werden viele Kunden erreicht?
- Mittels welcher Kommunikations- und Vertriebskanäle werden die Kundensegmente erreicht?

Die Leitfragen im Rahmen der Kundenbeziehung sind folgende:

- Wie werden Kunden langfristig an das Unternehmen gebunden?
- Wie kostenintensiv sind die unterschiedlichen Formen der Kundenbeziehung?

- Welche Form der Kundenbeziehung ist besonders erfolgversprechend?
- Welche Form der Kundenbeziehung liegt vor?

Die Leitfragen im Rahmen der **Leistungen** und des **Nutzens** sind folgende:

- Welche aktuellen Bedürfnisse hat ein spezifisches Kundensegment und wie wichtig sind diese Bedürfnisse den jeweiligen Kundensegmenten?
- Welcher Nutzen wird je Kundensegment gestiftet und wie wird dieser Nutzen in einem Nutzenversprechen ausformuliert?
- Welche Produkte und Dienstleistungen werden angeboten, um den Nutzen zu stiften und das Nutzenversprechen zu erfüllen?
- Welcher Nutzen wird für die beteiligten Partner gestiftet?
- Wie werden Kunden mit der Marke, den Leistungen und dem damit erzeugten Nutzen begeistert?

Die Leitfragen im Rahmen der **Ressourcen** und **Fähigkeiten** sind:

- Welche Ressourcen und Fähigkeiten werden für die Stiftung des Nutzens eingesetzt und in welcher Form und woher werden diese Ressourcen und Fähigkeiten beschafft?
- Welche Ressourcen und Fähigkeiten sind für das Geschäftsmodell erfolgskritisch und welche einzigartig?
- Wie werden die Ressourcen und Fähigkeiten von Partnern in das Geschäftsmodell integriert?

Die Leitfragen im Rahmen der **Prozesse** sind:

- Wie gestaltet sich die gesamte Wertschöpfungskette der Industrie und welche Position wird innerhalb dieser Wertschöpfungskette eingenommen?
- Welche Prozesse werden für die Erfüllung des Nutzenversprechens umgesetzt?
- Welche Prozesse werden für die Bereitstellung von Kanälen und die Pflege der Kundenbeziehungen umgesetzt?
- Welche Prozesse werden dabei von Partnern ausgeführt und wie erfolgt die Verknüpfung mit den Partnern?

Die Leitfragen im Rahmen der **Partner**:

- Welche Partner liegen für das Geschäftsmodell vor?
- Welche Ressourcen und Fähigkeiten werden von den Partnern bereitgestellt?

- Welche Partner sind in die Wertschöpfungskette integriert und welche Prozesse führen die Partner aus?
- Welche Kundenkanäle werden durch die Partner erschlossen?
- Wie unterstützen die Partner bei der Erfüllung des Nutzenversprechens?

Die Leitfragen im Rahmen der **Partnerkanäle** sind:

- Über welche Kommunikations- und Beschaffungskanäle werden Partner erreicht?
- Welche Kommunikations- und Beschaffungskanäle sind besonders erfolgversprechend und kostengünstig?

Die Leitfragen im Rahmen der Form der **Partnerbeziehung** sind:

- Welche Form der Partnerbeziehung ist besonders erfolgversprechend?
- Wie kostenintensiv sind unterschiedliche Formen der Partnerbeziehung?
- Welche Form der Beziehung liegt zu Partnern vor und wie erfolgt die Zusammenarbeit mit den Partnern?

Die Leitfragen im Rahmen der **Umsätze** sind:

- Für welchen Nutzen bezahlen Kunden und wie viel bezahlen sie derzeit?
- Wie wird der gestiftete Nutzen in Form von Umsätzen abgeschöpft?
- Für welche Leistungen (Produkte und Dienstleistungen) werden Umsätze generiert?
- Wie ist der Umsatzmechanismus (z. B. Mietgebühr je Minute) für die Kundensegmente ausgestaltet?

Die Leitfragen im Rahmen der **Kosten** sind:

- Welche Kosten entstehen während des Betriebs des Geschäftsmodells und innerhalb der jeweiligen Geschäftsmodell-Elemente und welche Kosten sind wesentlich?
- Welche Ressourcen, Fähigkeiten und Prozesse verursachen dabei welche Kosten und in welcher Höhe?
- Durch welche Faktoren (z. B. Menge, Preise) wird die Kostenstruktur beeinflusst?
- Wie ist der Kostenmechanismus (z. B. die Zahlung einer Nutzungsgebühr) mit den Partnern ausgestaltet?

Die Geschäftsmodell-Dimensionen und -Elemente dienen der Beschreibung eines bestehenden Geschäftsmodells. Je nach Trap, werden die Eigenschaften eines Geschäftsmodells bzw. die Eigenschaften ausgewählter Dimensionen abgefragt, um darauf aufbauend die jeweilige Intensität der Trap zu identifizieren.

Überblick der Traps und Einordnung in den Kontext

3

Zusammenfassung

Das folgende Kapitel bietet einen Überblick über die Traps, die in dem vorliegenden Buch behandelt werden. Die Auflistung erhebt keinen Anspruch auf Vollständigkeit, sondern beinhaltet die häufig auftretende Traps. In Abb 3.1 sind die Traps mit Piktogrammen dargestellt.

Acceleration Trap: schnelleres Agieren innerhalb des Unternehmens und des Marktes

Ein Unternehmen befindet sich in der Acceleration Trap, wenn die Beschleunigung zur Veränderung des Unternehmens über oder unter Normalniveau ist. Ist die Beschleunigung innerhalb der Idealzone, so agiert ein Unternehmen ideal. Innerhalb dieser Idealzone kann die Beschleunigung zeitlich begrenzt höher, beziehungsweise niedriger sein, als in der Maximal- bzw. Minimalzone.

Commodity Trap: Austauschbarkeit von Produkten und Dienstleistungen

Ein Unternehmen befindet sich in der Commodity Trap, wenn die Produkte und Dienstleistungen, die das Unternehmen anbietet von Kunden als austauschbar wahrgenommen werden. Der Differenzierungsgrad, also die Intensität der Differenzierung von Produkten und Dienstleistungen, nimmt innerhalb der Commodity Trap stark ab. Der Commodity Trap sind die Pre- und Post-Commodity Trap vor- bzw. nachgelagert. Innerhalb der reinen Differenzierungszone liegt ein hoher Differenzierungsgrad und innerhalb der reinen Commodityzone liegt ein niedriger Differenzierungsgrad vor.

© Springer Fachmedien Wiesbaden 2016
D. R. A. Schallmo, L. Brecht, *Mind the Trap – 11 typische Unternehmensfallen*,
DOI 10.1007/978-3-658-09565-9_3

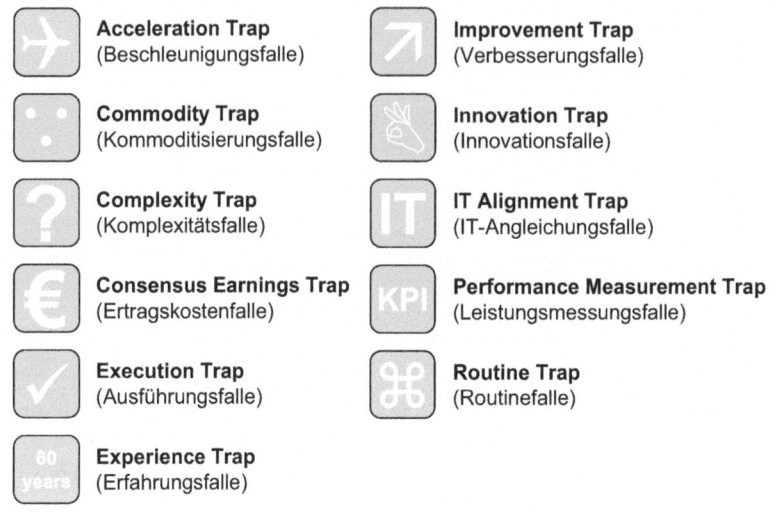

Acceleration Trap (Beschleunigungsfalle)	Improvement Trap (Verbesserungsfalle)
Commodity Trap (Kommoditisierungsfalle)	Innovation Trap (Innovationsfalle)
Complexity Trap (Komplexitätsfalle)	IT Alignment Trap (IT-Angleichungsfalle)
Consensus Earnings Trap (Ertragskostenfalle)	Performance Measurement Trap (Leistungsmessungsfalle)
Execution Trap (Ausführungsfalle)	Routine Trap (Routinefalle)
Experience Trap (Erfahrungsfalle)	

Abb. 3.1 Überblick der Traps

Complexity Trap: zahlreiche Varianten für Leistungen, Prozesse, Strukturen etc.

Ein Unternehmen befindet sich in der Complexity Trap, wenn zahlreiche Varianten und Einzellösungen für Produkte, Dienstleistungen, Prozesse, Strukturen, Kundensegmente etc., vorliegen. Innerhalb der Komplexitätszone liegt ein hoher Komplexitätsgrad vor, der zu hohen Kosten führen kann. Innerhalb der Homogenitätszone liegen wenige Varianten und Einzellösungen vor und der Komplexitätsgrad sowie die Kosten sind niedriger.

Consensus Earnings Trap: kurzfristige Maßnahmen zu Lasten des langfristigen Unternehmenserfolgs

Ein Unternehmen befindet sich in der Consensus Earnings Trap, wenn aufgrund von Abweichungen von Vorhersagewerten und tatsächlichen Werten (insb. Gewinn, aber auch Umsatz und Wachstum), innerhalb der Aktionszone, kurzfristige Maßnahmen umgesetzt werden. Diese Maßnahmen führen in der Toleranzzone zu einer kurzfristigen Angleichung der tatsächlichen Werte an die Vorhersagewerte, in der Schadenszone aber zu einem langfristigen Schaden für das Unternehmen.

Execution Trap: Trennung zwischen der Entwicklung und Implementierung der Strategie
Ein Unternehmen befindet sich in der Execution Trap, wenn eine hohe Trennung zwischen der Unternehmensleitung und den Mitarbeitern im Rahmen der Strategieentwicklung vorliegt. In diesem Fall werden die Mitarbeiter nicht in die Entwicklung der Strategie, die ihren Bereich betrifft, einbezogen, sondern lediglich als ausführendes Organ betrachtet, das eine Strategie umsetzen soll. Dies hat häufig zur Folge, dass ein niedriger Umsetzungsgrad der Strategie vorliegt, was sich wiederum negativ auf deren Zielerreichung auswirken kann.

Experience Trap: Orientierung an Erfahrungen der Mitarbeiter
Ein Unternehmen befindet sich in der Experience Trap, wenn Manager ausschließlich aufgrund ihrer Erfahrung innerhalb von Projekten eingesetzt werden und diese Erfahrung zu Fehlentscheidungen führt. In diesem Fall sind die erarbeiteten Lösungen nicht geeignet, was sich dadurch begründet, dass sich Manager häufig auf ihre Erfahrungen berufen, die für die steigende Komplexität von Projekten nicht mehr ausreichen.

Improvement Trap: eigene Verbesserungen haben geringe Relevanz
Ein Unternehmen befindet sich in der Improvement Trap, wenn sich innerhalb einer Industrie viele Unternehmen gleichzeitig verbessern, um erfolgreicher am Markt zu agieren. Die Folge ist, dass das Gesamtniveau innerhalb der Industrie zunimmt und die Verbesserung eines einzelnen Unternehmens an Relevanz verliert. Die Leistungsverbesserung (erwartet bzw. tatsächlich) wird anhand der operativen Leistung in finanziellen Größen (z. B. Umsatz, EBIT) oder nicht-finanziellen Größen (z. B. Anzahl an Kunden) gemessen.

Innovation Trap: Ausbleiben eigener Innovationen führt zur Stärkung des Wettbewerbs
Ein Unternehmen befindet sich in der Innovation Trap, wenn es aufgrund vergangener Erfolge, die mit Innovationen erzielt wurden, keine weiteren oder wenige Innovationen verfolgt. Sobald die Wettbewerber des Unternehmens Initiativen zu Innovationen beginnen und erfolgreich am Markt zu agieren, befindet sich das Unternehmen in der Innovationsfalle.

IT-Alignment Trap: hohe IT-Kosten und geringe IT-Leistungsfähigkeit
Ein Unternehmen befindet sich in der IT-Alignment Trap, wenn die IT-Kosten zur Angleichung der IT-Strategie an die Unternehmensstrategie überdurchschnittlich

hoch sind und gleichzeitig die Leistungsfähigkeit der IT unterdurchschnittlich niedrig ist.

Performance Measurement Trap: Erfolgsmessung führt zu Fehleinschätzungen

Ein Unternehmen befindet sich in der Performance Measurement Trap, wenn die Erfolgs- bzw. Leistungsmessung innerhalb eines Unternehmens zu Fehleinschätzungen führt. Diese Fehleinschätzungen führen zu Fehlentscheidungen, die dem Unternehmen nachhaltig schaden.

Routine Trap: Routinen verhindert Leistungssteigerung

Ein Unternehmen befindet sich in der Routine Trap, wenn nicht festgestellt wird, dass aufgrund veränderter Gegebenheiten, Routinen angepasst werden müssen. Ferner befindet sich ein Unternehmen in der Routine Trap, wenn an Routinen festgehalten wird, da es Menschen häufig schwer fällt, Routinen aufzugeben. Die Routinen, die ein Unternehmen einst erfolgreich gemacht haben, verhindern somit nun eine Leistungssteigerung.

Die Abb. 3.2 zeigt auf, in welcher Geschäftsmodell-Dimension die jeweilige Trap primär auftritt.

Die jeweilige Trap wird in den folgenden Kap. 4–14 mit nachstehenden Inhalten beschrieben:

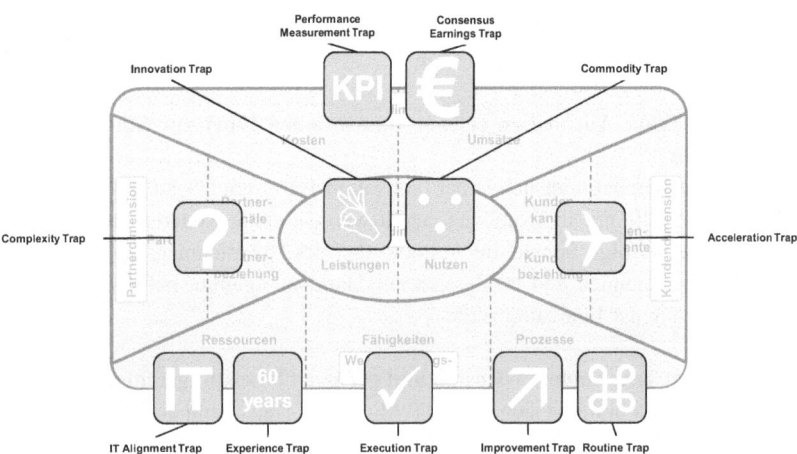

Abb. 3.2 Einordnung der Traps in den Geschäftsmodell-Kontext

- Grafik: Eine Grafik skizziert die Trap auf einen Blick und wird um eine kurze Definition ergänzt.
- Beschreibung: Eine Beschreibung der Trap mit unterschiedlichen Formen der Trap, sofern diese vorhanden sind.
- Beispiele: Beispiele von Unternehmen, die dazu dienen, die Trap praktisch zu veranschaulichen.
- Auslöser und Folgen: Auslöser und Folgen der Trap, die in einem Wirkungsnetz dargestellt sind, um den Gesamtkontext zu verstehen.
- Indikatoren: Vorschläge für Indikatoren, um die Trap zu erkennen und den Grad der Betroffenheit zu bewerten. Diese Indikatoren sollten dabei um individuelle Indikatoren ergänzt werden.
- Lösungsansätze: Vorschläge für Lösungsansätze, um die Trap zu umgehen bzw. präventiv zu verhindern, in die Trap zu geraten. Die Lösungsansätze können ebenfalls bei Bedarf ergänzt werden.

Acceleration Trap

4

Zusammenfassung

Ein Unternehmen befindet sich in der Acceleration Trap, wenn die Beschleunigung zur Veränderung des Unternehmens über oder unter Normalniveau ist. Ist die Beschleunigung innerhalb der Idealzone, so agiert ein Unternehmen ideal. Innerhalb dieser Idealzone kann die Beschleunigung zeitlich begrenzt höher beziehungsweise niedriger sein, als in der Maximal- bzw. Minimalzone.

Beschleunigung des Wachstums findet nur durch Leidenszeiten statt.
Carl Hilty

4.1 Beschreibung der Acceleration Trap

Ein Unternehmen kann sich in der Acceleration Trap befinden, ohne Kenntnis darüber haben. Die Acceleration Trap betrifft primär die Wertschöpfungsdimension, also die Ressourcen, Fähigkeiten und Prozesse eines Geschäftsmodells. Für die Acceleration Trap liegen unterschiedliche Formen vor, die in Abb. 4.2 dargestellt sind (Abb. 4.1).

Die jeweiligen Formen sind nachfolgend erläutert (in Anlehnung an: Bruch/Menges, 2010; Bruch, 2012; Bruch/Kunz, 2009).

Überlastung
Die erste Form der Acceleration Trap ist die Überlastung. Dabei stehen den Mitarbeitern für Aufgaben keine ausreichende Zeit und Ressourcen zur Verfügung. Innerhalb einer Periode liegt z. B. eine höhere Anzahl an Kundenaufträgen vor, die von einer gleichbleibenden Anzahl von Mitarbeitern ausgeführt werden müssen.

© Springer Fachmedien Wiesbaden 2016
D. R. A. Schallmo, L. Brecht, *Mind the Trap – 11 typische Unternehmensfallen,*
DOI 10.1007/978-3-658-09565-9_4

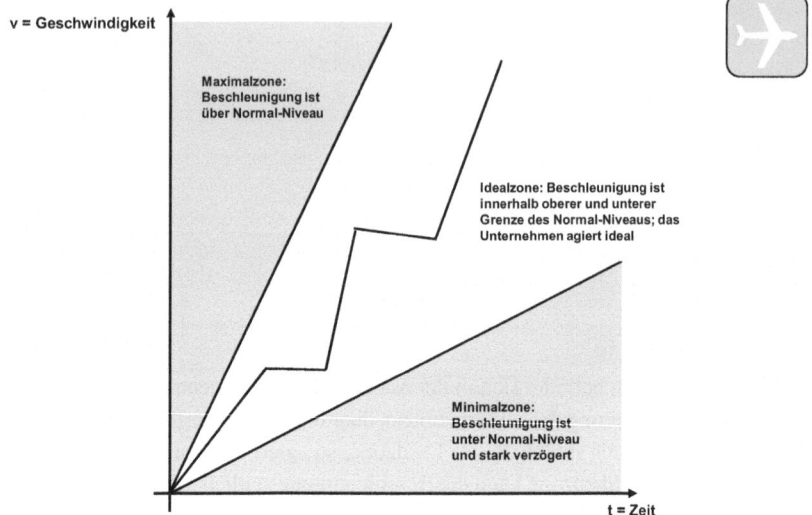

Abb. 4.1 Acceleration Trap

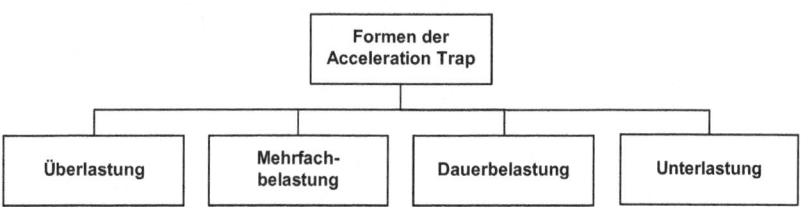

Abb. 4.2 Formen der Acceleration Trap

Die Arbeitsbelastung je Mitarbeiter ist also höher als zuvor. Die Mitarbeiter sind überlastet, was zu einer Überlastung des gesamten Unternehmens führt.

Mehrfachbelastung (Multibelastung)
Die zweite Form der Acceleration Trap ist die Mehrfachbelastung. Sie tritt auf, wenn Mitarbeiter zahlreiche unterschiedliche Aufgaben erledigen müssen. Die Folge ist, dass die Mitarbeiter und das gesamte Unternehmen die Richtung verlieren und die Aktivitäten nicht mehr aufeinander abgestimmt sind.

Permanente Belastung

Bei der dritten Form der Acceleration Trap liegen permanent Veränderungen und außergewöhnliche Belastungen vor. Dies führt dazu, dass den Mitarbeitern und dem gesamten Unternehmen die notwendigen Erholungsphasen fehlen. Da die Belastung, im Gegensatz zur Über- bzw. Mehrfachbelastung, permanent vorliegt und Mitarbeiter keine Entlastung sehen, arbeiten sie häufig mit geringerem Einsatz.

Unterlastung

Die vierte Form der Acceleration Trap stellt eine Unterlastung der Mitarbeiter dar. Hierbei stehen für Aufgaben mehr als ausreichend Zeit und Ressourcen bereit. Häufig liegen keine Zielvereinbarungen vor und Verantwortlichkeiten sind nicht geklärt.

Die ersten drei Formen der Acceleration Trap können in Kombination auftreten. Die ersten beiden Formen dauern meist kurzfristig an und können daher leicht verarbeitet werden. Im weiteren Verlauf wird auf die letzte Form der Acceleration Trap nicht näher eingegangen.

4.2 Beispiele zur Acceleration Trap

Von der Acceleration Trap können Unternehmen aller Industrien und Größen betroffen sein. Größere Unternehmen befinden sich aber häufiger in der Acceleration Trap, da hier meist eine höhere Anzahl an Projekten in kürzerer Zeit durchgeführt werden müssen. Zudem müssen Mitarbeiter in vielen Fällen permanent erreichbar sein und es liegen öfter Kosteneinsparungsprogramme vor. Nachfolgend werden drei Beispiele zur Acceleration Trap erläutert (in Anlehnung an: Bruch, 2012; Bruch/Menges, 2010; Schönherr, 2011).

Bombardier (Überlastung)

Ein Beispiel für die erste Form der Acceleration Trap ist Bombardier Transportation. Bombardier Transportation ist Weltmarktführer bei Schienenverkehrssystemen und war, nach einer sehr erfolgreichen Wachstumsphase in der Vergangenheit, überlastet. Um dem steigenden Wettbewerbsdruck zu begegnen, wurde das Ziel definiert, die Effizienz und die Kapazität zu steigern. Die Anzahl der Auftragswerte verdoppelte sich; die Anzahl der Ingenieure nahm hingegen nur leicht zu. Die Folge war eine Überlastung der Mitarbeiter und des gesamten Unternehmens (Abb. 4.3).

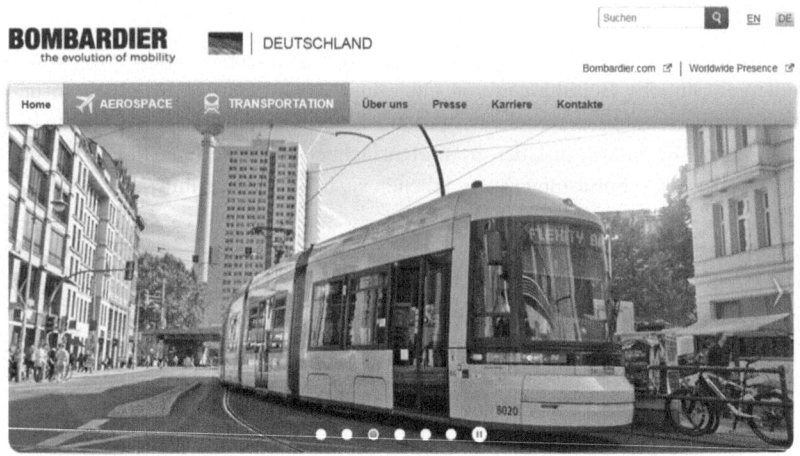

Abb. 4.3 Internetauftritt von Bombardier Transportation. (Bombardier, 2014)

ABB (Mehrfachbelastung)

Der europäische Mischkonzern ABB, der 1988 aus dem Zusammenschluss der schwedischen Asea und der Schweizer Brown Boveri entstand, befand sich in der zweiten Form der Acceleration Trap, der Mehrfachbelastung. Nach dem Zusammenschluss von Asea und Brown Boveri folgte eine schnelle Expansion; so kaufte ABB in den ersten beiden Jahren nach dem Zusammenschluss 55 Unternehmen auf. Nach weiteren acht Wachstumsjahren zeigte das Unternehmen erste Anzeichen, sich in der Acceleration Trap zu befinden. Dies äußerte sich darin, dass Aufkäufe nicht mehr hinreichend integriert wurden und verschiedene Konzernbereiche um identische Kunden konkurrierten. Mitarbeitern wurden zu viele Aufgaben aufgetragen und aufgrund von Umstrukturierungen mussten die Mitarbeiter auch verschiedene Aufgaben parallel erledigen. Die Folge war, dass viele ABB-Niederlassungen ohne eine Ausrichtung agierten. Abbildung 4.4 zeigt einen Auszug bestehender Produkte; ein Ergebnis der zahlreichen Aufkäufe.

Lufthansa (Permanente Belastung)

Lufthansa befand sich ein Jahrzehnt in der permanenten Belastung. Die Mitarbeiter mussten sich in dieser Zeit mit schonungslosen Veränderung und

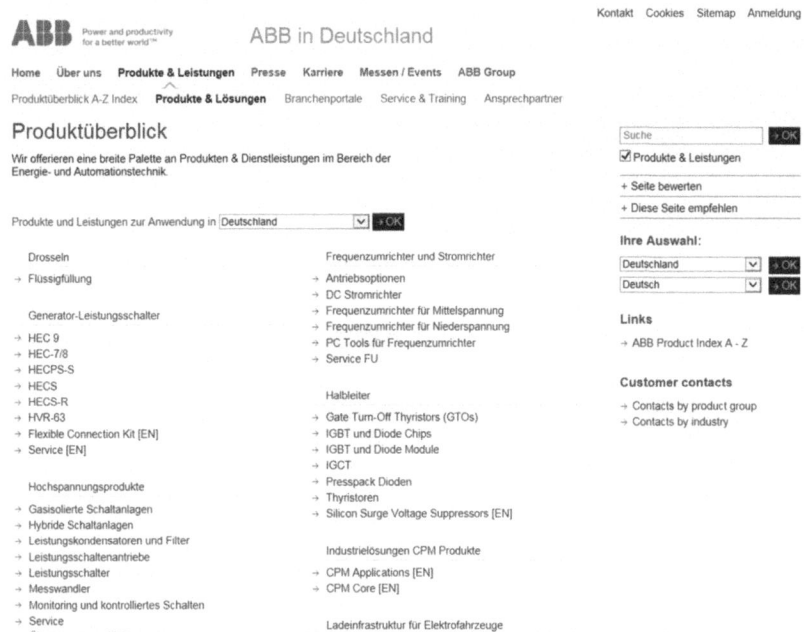

Abb. 4.4 Produktportfolio von ABB. (ABB, 2014)

Einsparmaßnahmen auseinandersetzen. Holger Hätty war 2004 Bereichsvorstand von Lufthansa Passenger Transportation. Er erklärte, dass die Mitarbeiter permanent aufgefordert wurden, Einsparungen vorzunehmen.

Die Folge war, dass die Mitarbeiter erschöpft waren und auf die Frage hin, wie lange die Einsparmaßnahmen andauern werden, keine Antwort erhielten. Schließlich agierten die Mitarbeiter langsamer als zuvor und verringerten somit ihre Geschwindigkeit. Daraufhin forderte die Unternehmensleitung weitere Einsparmaßnahmen. Dies führte dazu, dass die permanente Belastung der Mitarbeiter und des Unternehmens zunahm (Abb. 4.5).

4.3 Auslöser und Folgen der Acceleration Trap

Hauptauslöser für die Acceleration Trap ist ein erhöhter Markt- und Wettbewerbsdruck, in Bezug auf die Wettbewerbs- und Leistungsfähigkeit. Die Reaktion auf einen solchen Markt- und Wettbewerbsdruck sind eine Zunahme von Verände-

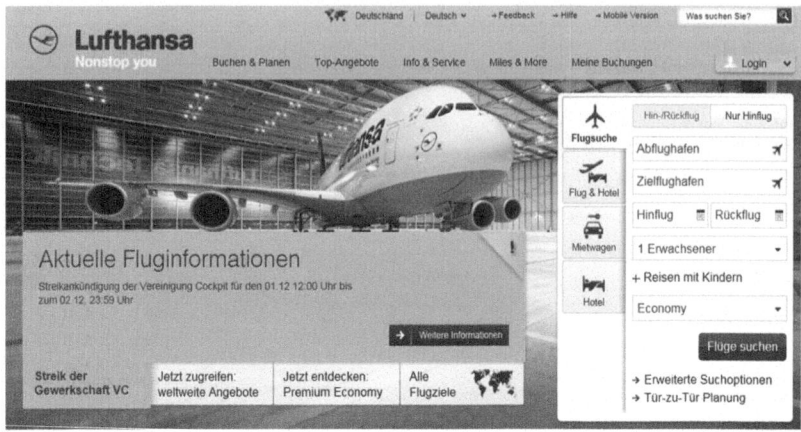

Abb. 4.5 Internetauftritt von Lufthansa während einer Streikankündigung. (Lufthansa, 2014)

rungs- und Transformationsprojekten und die Steigerung von Leistungsvorgaben innerhalb des Unternehmens. Gleichzeitig werden häufig Innovationszyklen verkürzt, um veränderte Kundenanforderungen zu erfüllen und sich gegenüber Wettbewerbern zu differenzieren. Um hinsichtlich der Leistung und der Preise wettbewerbsfähig zu bleiben, führen Unternehmen dann oftmals neue Management- und Organisationssysteme ein.

Innerhalb des Unternehmens kann ebenso die Geschwindigkeit der Bearbeitung von Projekten und Aufgaben steigen, was zu einer Demotivation der Mitarbeiter führt. Umfangreiche und unterschiedliche Aufgaben können dann zur Folge haben, dass ein Verlust der Ausrichtung des Unternehmens vorliegt und die Marke gefährdet wird. Statt die Ursachen der Trap zu bekämpfen, werden in vielen Fällen deren Symptome behandelt. Die Folge kann eine Erschöpfung und Resignation von Mitarbeitern sein, die ebenso eine Abwanderung der besten Mitarbeiter mit sich bringt.

Unternehmen, die sich in der Acceleration Trap befinden, weisen schlechtere finanzielle Ergebnisse auf und haben eine geringe Effizienz. Zudem ist die Mitarbeiterproduktivität und -bindung geringer, als bei Wettbewerbern, die sich nicht in der Acceleration Trap befinden (in Anlehnung an: von Adrian, 2013, Bruch/ Menges, 2010; Körner, 2014).

Abb. 4.6 zeigt die Auslöser und Folgen der Acceleration Trap auf.

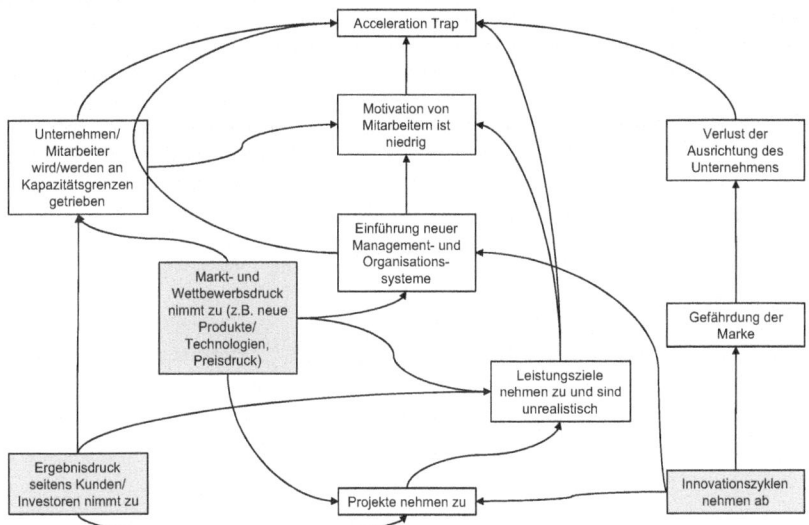

Abb. 4.6 Auslöser und Folgen der Acceleration Trap

4.4   Indikatoren der Acceleration Trap

Bei der Acceleration Trap fällt auf, dass im Vorfeld gute Ergebnisse von den betroffenen Unternehmen erzielt wurden. Aus diesem Grund ist das Bewusstsein, sich in der Acceleration Trap zu befinden, gering. Zudem erkennen Unternehmen häufig nicht umgehend, dass sie sich in der Acceleration Trap befinden.

Die Indikatoren lassen sich dem Markt und dem Geschäftsmodell (Wertschöpfungsdimension) zuordnen (Abb. 4.7). Sie werden mit: „trifft gar nicht zu", „trifft teilweise zu" und „trifft vollkommen zu" bewertet. Tabelle 4.1 enthält exemplarische Indikatoren (in Anlehnung an: von Adrian, 2013, Bruch, 2012, Bruch/Menges, 2010; Wyssling, 2012).

Die oben aufgeführten Indikatoren werden mit ihren Ausprägungen wie folgt bewertet:

- trifft gar nicht zu: 1 Punkt
- trifft teilweise zu: 2 Punkte
- trifft vollkommen zu: 3 Punkte.

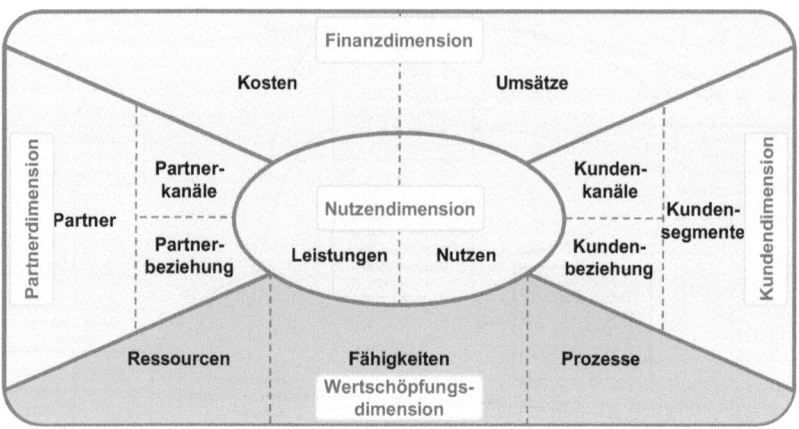

Abb. 4.7 Zuordnung der Acceleration Trap

Tab. 4.1 Indikatoren der Acceleration Trap

	Trifft gar nicht zu	Trifft teilw. zu	Trifft vollk. zu
Marktindikatoren			
1. Die Innovationszyklen für Produkte, Dienstleistungen und Technologien verkürzen sich	O	O	O
2. Die Unsicherheit hinsichtlich der Marktakzeptanz von Produkten, Dienstleistungen und Technologien ist hoch	O	O	O
3. Der Ergebnisdruck seitens der Kunden und Investoren ist hoch	O	O	O
4. Das Unternehmen unterliegt saisonalen und Nachfrage-Schwankungen	O	O	O
Geschäftsmodellindikatoren (Ressourcen)			
5. Das Unternehmen bzw. die Mitarbeiter wird/werden an die Kapazitätsgrenzen getrieben	O	O	O
6. Die gesetzten Leistungsziele des Unternehmens sind unrealistisch	O	O	O
7. Die Anzahl der überschrittenen Deadlines hat im Zeitverlauf zugenommen bzw. ist hoch	O	O	O
8. Die Antwortzeit auf Anfragen hat im Zeitverlauf zugenommen bzw. ist hoch	O	O	O
9. Die Anzahl der Projekte je Mitarbeiter hat zugenommen bzw. ist hoch	O	O	O
10. Die Manager und Mitarbeiter sind an mehreren Aufgaben/Projekten gleichzeitig beteiligt	O	O	O

Tab. 4.1 (Fortsetzung)

	Trifft gar nicht zu	Trifft teilw. zu	Trifft vollk. zu
Geschäftsmodellindikatoren (Fähigkeiten)			
11. Der Start von Aufgaben/Projekten erfolgt schnell und ohne Strukturierung	O	O	O
12. Der Zeitdruck von Aufgaben/Projekten ist hoch	O	O	O
Geschäftsmodellindikatoren (Prozesse)			
13. Der Output der Prozesse nimmt stark zu; die Dauer zur Erledigung von Aufgaben nimmt ab	O	O	O
14. Die durchschnittliche Dauer des Entwicklungsprozesses nimmt ab	O	O	O
15. Die Fristen zur Produkteinführung werden nicht eingehalten	O	O	O

Auf Basis der Zusammenfassung der Bewertung lassen sich anschließend folgende Einschätzungen vornehmen:

- 15 Punkte: Es besteht keine Gefahr, in die Trap zu geraten.
- 16–30 Punkte: Es besteht eine mittlere Gefahr, in die Trap zu geraten. Präventive Maßnahmen zum Vermeiden der Trap sind einzuleiten.
- 31–45 Punkte: Es besteht hohe Gefahr, da sich das Unternehmen bereits in der Trap befindet. Maßnahmen zum Entkommen aus der Trap sind einzuleiten.

Die Auflistung der Indikatoren ist exemplarisch und kann bei Bedarf angepasst werden. In diesem Fall müssen die Punktekorridore mit den Einschätzungen angepasst werden

4.5 Lösungsansätze zur Acceleration Trap

Nachfolgend werden Maßnahmen beschrieben, um der Trap zu entkommen und um präventiv zu handeln, um nicht in die Trap zu geraten. Die beschriebenen Maßnahmen dienen ebenfalls dazu, um erfolgreich innerhalb des Idealkorridors zu agieren (in Anlehnung an: von Adrian, 2013; Bruch/Menges, 2010; Wyssling, 2012).

Strategie definieren
Die erste Maßnahme ist die Definition einer Strategie und die Konzentration auf die relevanten Punkte innerhalb der Strategie. Diese Strategie muss auf allen Unter-

nehmensebenen verständlich kommuniziert werden. Somit liegt eine Ausrichtung des Unternehmens in Form eines Maßnahmenplans vor. Die Strategie dient ebenso dazu, darüber zu entscheiden, welche Projekte zum Erreichen der Strategie dienen.

Projekte bewerten
Die Bewertung von Projekten erfolgt einmal für laufende und einmal für neue Projekte innerhalb des Projektportfolios, die zum Erreichen der Strategie dienen. Somit ist es möglich, die Anzahl der laufenden Projekte zu reduzieren und sich auf die relevanten Projekte zu konzentrieren. Folgende Fragen dienen z. B. zur Bewertung von Projekten:

• „Würden die laufenden Projekte heute auch noch initiiert werden?"
• „Sind die laufenden/neuen Projekte von strategischer Bedeutung?"
• „Welche laufenden/neuen Projekte helfen das Unternehmen strategisch auszurichten oder Erfolgspositionen aufzubauen?"

Die regelmäßige Bewertung von Projekten erlaubt es, einen Selektionsplan zu entwickeln und aufzubauen.

Stressphase beenden
Neben zahlreichen Projekten in Unternehmen liegt häufig auch eine Stressphase vor. Durch eine Ankündigung seitens der Unternehmensleitung bezüglich der Beendigung der Stressphase, wird ein Signal an die Mitarbeiter gesendet.

Anzahl der Projekte begrenzen
In Abhängigkeit der Mitarbeiterkapazität, muss die Anzahl der Projekte begrenzt werden, die innerhalb einer Periode bearbeitet werden sollen. Somit wird vermieden, dass die Anzahl der Projekte ständig zunimmt. Sofern weitere Projekte notwendig sind, um die Strategie zu erreichen, können zusätzliche Mitarbeiter eingestellt werden.

Transparenz schaffen
Innerhalb des Unternehmens und innerhalb von Projekten sollten Verantwortlichkeiten definiert werden. Zudem sollten die zu erledigenden Aufgaben zugeteilt werden und innerhalb der Aufbauorganisation Strukturen geschaffen werden, die allen Mitarbeitern kommuniziert werden.

Leistungsorientiert entlohnen
Auf Basis der Strategie eines Unternehmens müssen die Ziele definiert werden. Diese Ziele müssen dann auf die Mitarbeiterebene heruntergebrochen werden.

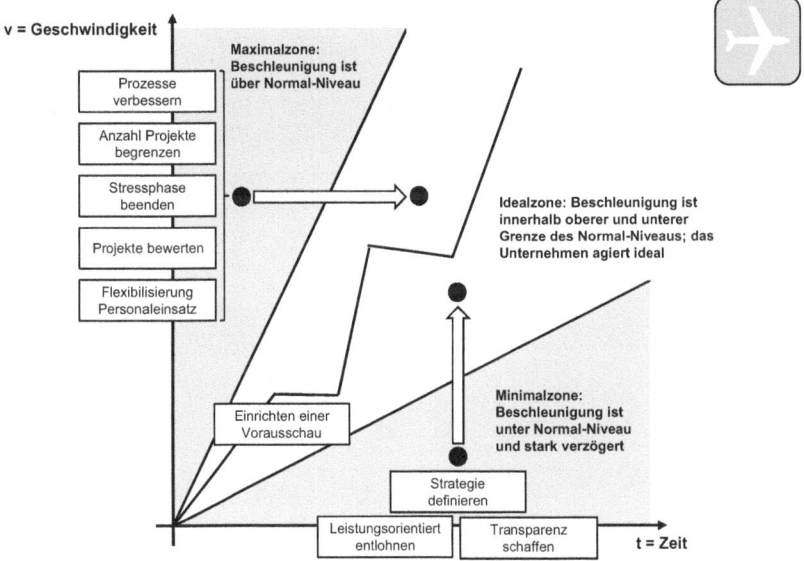

Abb. 4.8 Lösungsansätze zur Acceleration Trap

Aufbauend auf den Zielen muss dann eine leistungsorientierte Entlohnung erfolgen, um einen idealen Ressourceneinsatz sicherzustellen.

Prozesse verbessern
Um mit der notwendigen Beschleunigung innerhalb des Korridors umgehen zu können, ist es notwendig, Prozesse zu verbessern und somit effizienter und effektiver zu arbeiten. Hierfür dienen z. B. Benchmarks, um Verbesserungspotenziale zu identifizieren. Ein Stage-Gate-Prozess für die Entwicklung von neuen Produkten dient ebenfalls dazu, Verbesserungen zu erzielen und Entwicklungsprojekte rechtzeitig abzubrechen.

Flexibilisierung des Personaleinsatzes
Um innerhalb einer Beschleunigungsphase schnell reagieren zu können, ist es notwendig, einen flexiblen Personaleinsatz zu ermöglichen. Die kann z. B. über Personalleasing, oder eine variable Stellenzuweisung von Mitarbeitern erfolgen.

Einrichten einer Vorausschau
Um Trends, die zu einer Beschleunigung führen können, frühzeitig zu identifizieren, ist es notwendig, einen Prozess für die Vorausschau einzurichten. Somit können Maßnahmen frühzeitig abgeleitet werden, um die Trap zu umgehen.
  Die beschriebenen Lösungsansätze sind in Abb. 4.8 zusammengefasst.

Commodity Trap

5

Zusammenfassung

Ein Unternehmen befindet sich in der Commodity Trap, wenn die Produkte und Dienstleistungen, die das Unternehmen anbietet von Kunden als austauschbar wahrgenommen werden. Der Differenzierungsgrad, also die Intensität der Differenzierung von Produkten und Dienstleistungen, nimmt innerhalb der Commodity Trap stark ab. Der Commodity Trap sind die Pre- und Post-Commodity Trap vor- bzw. nachgelagert. Innerhalb der reinen Differenzierungszone liegt ein hoher Differenzierungsgrad und innerhalb der reinen Commodityzone liegt ein niedriger Differenzierungsgrad vor.

Marken leben von ihrer Einzigartigkeit. Wer austauschbar wird, ist in Lebensgefahr.
Frank Dopheide (Inhaber Deutsche Markenarbeit)

5.1 Beschreibung der Commodity Trap

Etablierte Standards, wie z. B. die DIN - Deutsche Industrienorm, führen häufig in Industrien dazu, dass sich Unternehmen diesen Standards anpassen, anstatt innovative Produkte und Dienstleistungen zu entwickeln, die zu neuen Standards führen können. Ein Grund für diese Zurückhaltung können Bedenken, hinsichtlich der Marktakzeptanz und somit des Markterfolgs neuer Produkte und Dienstleistungen, sein (Abb. 5.1).

Die Angleichung von Produkten und Dienstleistungen an Industriestandards hat häufig zur Folge, dass sich Produkte und Dienstleistungen immer ähnlicher und somit substituierbar sind. Unternehmen befinden sich dann in der Commodity Trap, da sie sich mit ihren angebotenen Produkten und Dienstleistungen schwer von ihren Wettbewerbern differenzieren können.

© Springer Fachmedien Wiesbaden 2016   29
D. R. A. Schallmo, L. Brecht, *Mind the Trap – 11 typische Unternehmensfallen*,
DOI 10.1007/978-3-658-09565-9_5

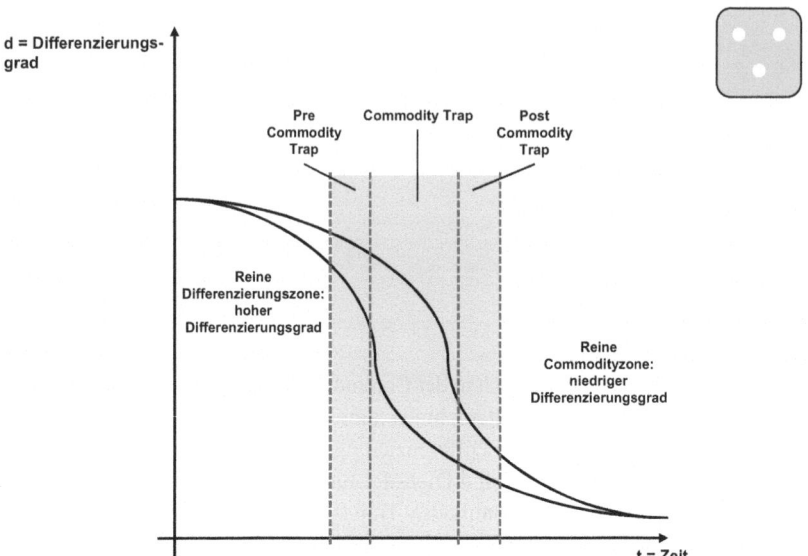

Abb. 5.1 Commodity Trap

Der Commodity Trap ist die Pre Commodity Trap vorgelagert, in der der Differenzierungsgrad stark abnimmt. Innerhalb der Pre Commodity Trap müssen Unternehmen Maßnahmen einleiten, um nicht in die Commodity Trap zu gelangen und
wieder die reine Differenzierungszone zu erreichen. Analog dazu liegt die Post
Commodity Trap vor, in der der Differenzierungsgrad weniger stark abnimmt, aber
bereits auf einem niedrigen Niveau ist.

Daneben liegen die reine Differenzierungszone, mit einem hohen Differenzierungsgrad und die reine Commodityzone mit einem niedrigen Differenzierungsgrad vor (in Anlehnung an: Enke/Reimann, 2005; Enke et al., 2011; D´Aveni,
2010; Homburg et al., 2009).

Für die Commodity Trap liegen drei Formen vor, die in Abb. 5.2 dargestellt und
nachfolgend beschreiben sind (in Anlehnung an D´Aveni, 2010).

Deterioration Trap - Wertminderungsfalle
Die Deterioration Trap beschreibt den Zustand, in dem der empfundene Wert von
Produkten und Dienstleistungen aus Kundensicht gemindert wird. Die Zunahme
von Unternehmen mit einem günstigen Produkt- und Dienstleistungsangebot und
die Fokussierung von Kunden auf den Preis, statt auf die Qualität, sind erste Anzeichen für die Deterioration Trap. Um in diesem Umfeld weiterhin erfolgreich

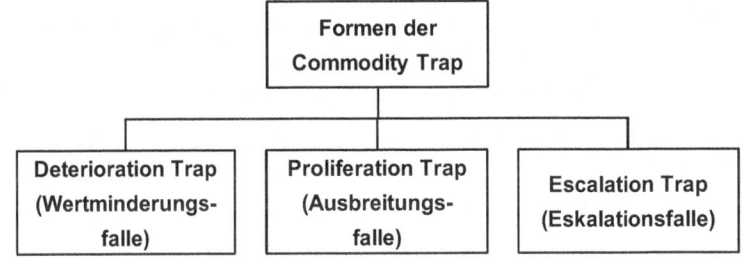

Abb. 5.2 Formen der Commodity Trap

agieren zu können, senken auch etablierte Unternehmen häufig ihre Preise, in der Erwartung, dass Skaleneffekte, die über höhere Absatzmengen erzielt werden können, zu einem Wettbewerbsvorteil werden.

Proliferation Trap - Ausbreitungsfalle
Die Proliferation Trap liegt vor, wenn ein einzigartiges Produkt, das bisher auf dem Markt angeboten wurde, von anderen Unternehmen imitiert und ebenfalls angeboten wird. In diesem Fall liegt kein Preiswettbewerb vor. Vielmehr liegen zahlreiche Nischen innerhalb eines Marktes vor, die gesondert mit speziellen Produkten bedient werden.

Escalation Trap - Eskalationsfalle
Die Escalation Trap tritt auf, wenn Unternehmen ihre Produkte und Dienstleistungen mit Zusatzeigenschaften ausstatten, um somit ihren Kunden einen höheren Wert anzubieten. Diese Zusatzeigenschaften werden häufig nicht in Rechnung gestellt und gehören somit zur Standardausstattung. Folglich fordern Kunden weitere Zusatzeigenschaften, für die sie gleichzeitig nicht bereit sind, einen höheren Preis zu bezahlen. Für Kunden stellt die Escalation Trap einen Vorteil dar, da sie Zusatzeigenschaften ohne Aufpreis erhalten. Für Anbieter stellt die Escalation Trap allerdings ein Problem dar, da sie Zusatzeigenschaften anbieten müssen, ohne höhere Preise durchsetzen zu können.

5.2 Beispiele zur Commodity Trap

Die Commodity Trap und spezielle Ausprägungen der Commodity Trap können grundsätzlich in jeder Industrie vorkommen. Dennoch sind einige Industrien, wie z. B. die Modeindustrie, Hotelindustrie und Computerindustrie häufiger von der

Commodity Trap betroffen als andere (Beispiele in Anlehnung an D´Aveni, 2010; Enke/Reimann, 2005; Enke et al., 2011).

Zara (Deterioration Trap)

Das Modeunternehmen Zara produziert und verkauft modische Kleidung, Accessoires und Schuhe für Damen, Herren und Kinder. Die Produkte sind ausschließlich in eigenen Ladengeschäften, in Shop-in-Shop größerer Kaufhäuser und über den eigenen Onlineshop, verfügbar. Das Sortiment für Erwachsene ist grundsätzlich auf eine junge, modische Zielgruppe ausgerichtet. Die Preise liegen dabei im Niedrigpreis- bis zum unteren Mittelpreis-Segment. Im Gegensatz zu anderen Handelsketten stellt Zara einen Großteil seiner Ware in eigenen Produktionsstätten, z. B. in Spanien, in Portugal oder in der Türkei her.

Das Prinzip von Zara beruht darauf, sehr schnell auf Entwicklungen innerhalb der internationalen Mode zu reagieren und häufig neue Modelle bzw. Linien in den Ladengeschäften anzubieten. Dafür setzt Zara sog. „Trend-Scouts" ein, die auf Messen, in Geschäften, auf der Straße und bei gesellschaftlichen Ereignissen den Modemarkt beobachten. Zara beschäftigt daneben mehr als 200 Modedesigner. Die Standorte der Ladengeschäfte befinden sich an attraktiven Standorten in Innenstädten und Einkaufszentren. Schaufenster- und Ladendekorationen sind die einzige Form der Werbung und Zara hat sich als günstige Alternative zur Designermode etabliert und somit etablierten Designlabels Kunden abgeworben.

Das Unternehmen Armani versucht Zara entgegenzuwirken, indem für die eigenen Produkte der empfundene Wert aus Kundensicht neu definiert wird. Bevor die öffentlichen Modeschauen beginnen hat Armani bereits bis zu 70 % seiner Bestellungen erhalten, da private und exklusive Modeschauen veranstaltet werden. Dadurch soll verhindert werden, dass Zara einen Einblick auf die neusten Kollektionen hat und diese imitieren kann (in Anlehnung an: Zara, 2014a und 2014b; CNN, 2001). (Abb. 5.3)

Holiday Inn (Proliferation Trap)

Kemmons Wilson aus Memphis, Tennessee, war während eines Familienurlaubs nach Washington von der angebotenen Qualität der Unterkünfte enttäuscht und entschied sich, 1941 sein eigenes Hotel zu eröffnen. In Zusammenarbeit mit Wallace E. Johnson wurden daraufhin im Jahre 1953 drei weitere Hotels eröffnet. Anfang des Jahres 1956 hatten Wilson und Johnson bereits 23 Holiday Inns und bis zum Jahresende kamen noch sieben weitere hinzu. 1957 begann Wilson Franchiselizenzen unter der Marke „Holiday Inn of America" zu vergeben. Das

Abb. 5.3 Schaufenster von Zara (Zara, 2014c)

Versprechen gegenüber den Kunden lautete sinngemäß: Holiday Inn Hotels verfügen über Standards, die es uns ermöglichen, Pkw-Reisenden saubere, familienfreundliche und leicht erreichbare Übernachtungen anzubieten. Die Hotelkette konnte ein sehr hohes Wachstum verzeichnen und hatte 1958 50 Hotels, 1959 100 Hotels, 1964 500 Hotels und im Jahr 1968 1000 Hotels.

In den Folgejahren war Holiday Inn ein sehr erfolgreiches Unternehmen, das zahlreiche Drei-Sterne-Hotels mit preiswerten Zimmern anbot. Die Hotels waren maximal eine Tagesfahrt voneinander entfernt. Mit zunehmendem Erfolg von Holiday Inn nahm der Wettbewerb, sowohl seitens günstigerer, als auch teurerer Hotels, hinsichtlich der Angebote und der Standorte, zu.

Holiday Inn reagierte darauf, indem die eigenen Hotels, die die vorgegebenen Standards nicht erfüllten bzw. keine zufriedenstellenden Umsätze erzielten, verkauft wurden. Bei den übrigen Hotels wurden die Serviceleistungen verbessert, um einen Vier-Sterne-Standard zu etablieren.

1988 wurde Holiday Inn von der Intercontinental Hotels Group (damals Bass PLC) aufgekauft. Im Anschluss wurde über mehrere Jahre ein umfangreiches Produkt-Portfolio entwickelt, um unterschiedliche Marktsegmente abzudecken. Dazu gehören z. B. Holiday Inn Express, die günstigste Hotelversion, das Holiday Inn als Hotel der Mittelklasse, das Crowne Plaza und das Intercontinental, die beide die fünf Sterne Kategorie abdecken. Im Jahr 2003 wurde

Abb. 5.4 Erstes Holiday Inn in Memphis (Holiday Inn, 2015)

ein neues Konzept etabliert, um Holiday Inn neu zu positionieren. Dieses neue
Konzept beinhaltet ein Bistro-ähnliches Restaurant und ein Schwimmbad. In
den Folgejahren wurden weitere Aktivitäten initiiert, um der Proliferation Trap
zu entkommen (Holiday Inn, 2014). (Abb. 5.4)

Apple (Escalation Trap)

In den 1970er Jahren gehörte Apple zu den ersten Herstellern von Personal
Computern und spielte eine große Rolle bei der kommerziellen Einführung
der grafischen Benutzeroberfläche und der Computermaus. Mit dem iPod
(2001), dem iPhone (2007) und dem iPad (2010) nutze Apple die Möglichkeit,
das Geschäft auf andere Produktbereiche auszuweiten und trug damit zu dem
Marktwachstum für Smartphones und Tablet-Computer bei. Im Anschluss wurden ca. alle sechs Monate neue Modelle auf den Markt gebracht, die größere
Kapazitäten und bessere Eigenschaften aufwiesen, wie die Vorgängermodelle.
Zusätzlich betreibt Apple mit dem iTunes Store und dem App Store zwei der
größten Distributionswege für Musik, Filme und Bücher. Die Abb. 5.5 zeigt
unterschiedliche Generationen des iPhones auf (Apple, 2014a).

Apple releases faster, more powerful iPhone

Apple announced the release of the iPhone 5, a taller, thinner and lighter model powered by
the A6 chip that can operate on 4G LTE. Other new features include redesigned headphones,
a smaller connector and mapping software.

CATEGORY	iPhone 5	iPhone 4S	iPhone 4	iPhone 3GS	iPhone 3	iPhone
Resolution	1136 x 640; 326ppi	960 x 640; 326 ppi	960 x 640; 326 ppi	480 x 320; 163 ppi	480 x 320; 163 ppi	480 x 320; 163 ppi
Camera size (megapixels)	8	8	5	3	2	2
Video calling	FaceTime	FaceTime	FaceTime	none	none	none
Video recording	HD 1080p	HD 1080p	HD 720p	VGA	none	none
Battery life (talk time in hours)	Up to 8 on 3G	Up to 8 on 3G	Up to 8 on 3G	Up to 7 on 3G	Up to 5 on 3G	Up to 8 on 2G
Wireless carrier	AT&T, Verizon, Sprint, others	AT&T, Verizon, Sprint	AT&T, Verizon	AT&T	AT&T	Cingular (now part of AT&T)
Date released	Sept. 2012	Oct. 2011	June 2010	June 2009	July 2008	June 2007

Abb. 5.5 I-Phone-Generationen von Apple (Apple, 2014b)

5.3 Auslöser und Folgen der Commodity Trap

Hauptauslöser für die Commodity Trap ist die Globalisierung von Märkten, eine
damit einhergehenden Transparenz und eine höhere Dynamik hinsichtlich Innovationen. Die eingangs erwähnten Industriestandards stellen ebenfalls einen Auslöser
für die Commodity Trap dar. Die Dynamik in Bezug auf Innovationen führt dazu,
dass aufgrund eines hohen Kundennutzens, hohe Deckungsbeiträge erzielt werden
können. Diese hohen Deckungsbeiträge veranlassen neue Marktteilnehmer dazu,
ähnliche Produkte und Dienstleistungen anzubieten, was dazu führt, dass Produkte
und Dienstleistungen aus Sicht des Kunden als austauschbar wahrgenommen werden. Dies führt zu sinkenden Preisen und somit zu niedrigeren Deckungsbeiträgen.
Gleichzeitig liegen Bedenken hinsichtlich der Marktakzeptanz von Innovationen
vor.

Statt in neue Innovationen zu investieren, werden Einsparungen vorgenommen.
Eine Differenzierung ist dann nur über den Preis bzw. über kostenlose Zusatzleis-
tungen möglich. Dies führt zu einem weiteren Absinken des Deckungsbeitrags (in

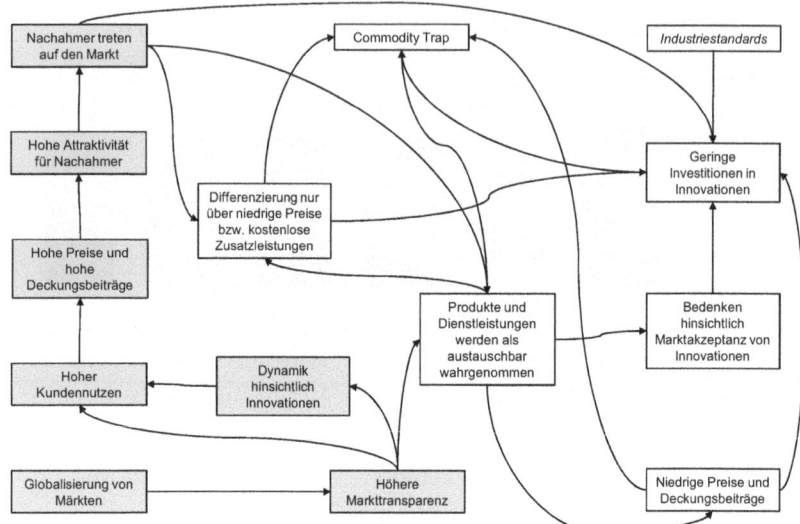

Abb. 5.6 Auslöser und Folgen der Commodity Trap

Anlehnung an: D´Aveni, 2010; Enke/Reimann, 2005; Enke et al., 2011; Homburg
et al., 2009; Roland Berger, 2014; Schallmo et al., 2013) Die Abb. 5.6 zeigt die
Auslöser und Folgen der Commodity Trap auf.

5.4   Indikatoren der Commodity Trap

Die Commodity Trap weist Indikatoren auf, die zur Erkennung der Trap dienen.
Die Indikatoren lassen sich dem Markt und dem Geschäftsmodell (Kunden- und
Nutzendimension) zuordnen (Abb. 5.7). Sie werden mit: „trifft gar nicht zu", „trifft
teilweise zu" und „trifft vollkommen zu" bewertet. Tabelle 5.1 enthält exemplarische Indikatoren (in Anlehnung an: D´Aveni, 2010; Enke/Reimann, 2005; Enke
et al., 2011; Homburg et al., 2009; Roland Berger, 2014; Schallmo et al., 2013,
Mahnke et al., 2014).

Die oben aufgeführten Indikatoren werden mit ihren Ausprägungen wie folgt
bewertet:

- trifft gar nicht zu: 1 Punkt
- trifft teilweise zu: 2 Punkte
- trifft vollkommen zu: 3 Punkte

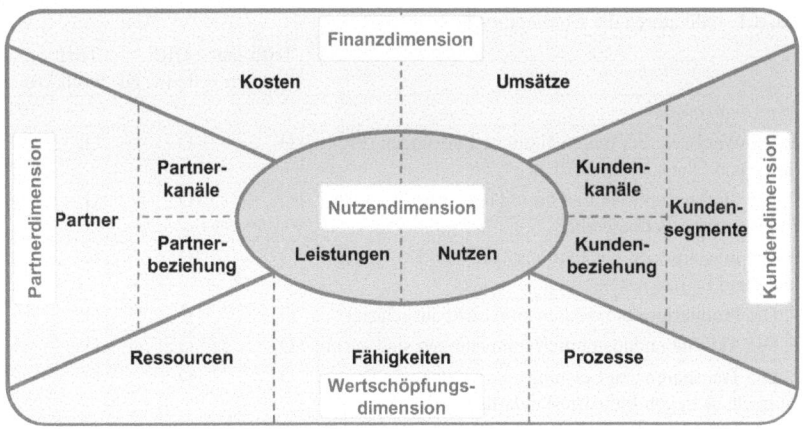

Abb. 5.7 Zuordnung der Commodity Trap

Auf Basis der Zusammenfassung der Bewertung lassen sich anschließend folgende Einschätzungen vornehmen:

- 17 Punkte: Es besteht keine Gefahr, in die Trap zu geraten.
- 18–34 Punkte: Es besteht eine mittlere Gefahr, in die Trap zu geraten. Präventive Maßnahmen zum Vermeiden der Trap sind einzuleiten.
- 35–51 Punkte: Es besteht hohe Gefahr, da sich das Unternehmen bereits in der Trap befindet. Maßnahmen zum Entkommen aus der Trap sind einzuleiten.

Die Auflistung der Indikatoren ist exemplarisch und kann bei Bedarf angepasst werden. In diesem Fall müssen die Punktekorridore mit den Einschätzungen angepasst werden.

5.5 Lösungsansätze zur Commodity Trap

Um der Commodity Trap entgegenzuwirken liegen grundsätzlich zwei Lösungsansätze vor: die Trap umgehen und die Trap akzeptieren (in Anlehnung an: D'Aveni, 2010; Enke/Reimann, 2005; Enke et al., 2011; Homburg et al., 2009; Roland Berger, 2014; Schallmo et al., 2013; Mahnke et al., 2014; Bohmann, 2011; Görs, 2008; Oberstebrink, 2008; Sanford/Taylor, 2005).

Tab. 5.1 Indikatoren der Commodity Trap

	Trifft gar nicht zu	Trifft teilw. zu	Trifft vollk. zu
Marktindikatoren			
1. Die Wettbewerber bieten ähnliche Leistungen (Produkte und Dienstleistungen) an	O	O	O
2. Die Marktattraktivität ist gering und es erfolgt kein Eintritt neuer Wettbewerber	O	O	O
3. Die Investitionen konzentrieren sich auf Kostensenkung und Effizienzsteigerung	O	O	O
4. Die Produktionskapazitäten sind nicht ausgelastet	O	O	O
5. Die Aktivitäten hinsichtlich Innovationen sind gering	O	O	O
6. Die Transparenz zu Leistungsmerkmalen und Preisen ist hoch; es liegen Industriestandards vor	O	O	O
7. Die Anzahl der Nischen nimmt zu; diese werden mit zusätzlichen Leistungsvarianten bedient	O	O	O
Geschäftsmodellindikatoren (Kundensegmente, Kundenbeziehungen)			
8. Die Beschaffung bei Kunden erfolgt global	O	O	O
9. Die Präferenz von Kunden liegt auf dem Preis	O	O	O
10. Die Verhandlungsmacht der Kunden ist hoch	O	O	O
11. Die Loyalität der Kunden ist gering	O	O	O
12. Das Involvement von Kunden ist gering	O	O	O
Geschäftsmodellindikatoren (Leistungen und Nutzen)			
13. Die Leistungen sind standardisiert	O	O	O
14. Die Leistungen sind modularisiert	O	O	O
15. Die Leistungen sind technologisch ausgereift	O	O	O
16. Die Differenzierung ist über den Preis bzw. kostenlose Zusatzleistungen möglich	O	O	O
17. Die Preise und Deckungsbeiträge sind im Zeitverlauf gesunken	O	O	O

Differenzierung über Produkt- und Dienstleistungsinnovationen

Mittels Produkt- und Dienstleistungsinnovationen kann der Wert aus Kundensicht gesteigert werden. Hierfür ist es notwendig, Innovationen zu erstellen, die schwer imitierbar sind. Dabei kann ein Produkt in ein System eingebettet werden und es können ebenso zusätzliche Dienstleistungen angeboten werden. Eine weitere Möglichkeit besteht darin, ein wechselndes Angebot bereits zu stellen bzw. Zusatzeigenschaften von Produkten anzubieten und somit den Wert aus Kundensicht zu steigern. Es können ebenso unterschiedliche Leistungspakete für unterschiedliche Kundensegmente erstellt werden, um eine Differenzierung zu ermöglichen. Über eine Patentierung der Innovationen kann ein Zeitvorteil gegenüber Wettbewerbern erzielt werden.

Positionierung der Marke
Mittels der Positionierung der Marke wird das Image eines Produkten oder einer Dienstleistung verändert. Dabei kann man sich z. B. auf ein hochpreisiges Segment konzentrieren, exklusive Vertriebskanäle auswählen und das Angebot an qualitativ hochwertigen Produkten begrenzen. Somit wird der empfundene Wert aus Kundensicht erhöht und es können höhere Preise realisiert werden.

Erhöhung der Kundenbindung
Die Erhöhung der Kundenbindung kann über die Orientierung an den Prozessen von Kunden erfolgen. Somit werden stärker ausgeprägte Kundenbeziehungen aufgebaut, was zu einer Erhöhung der Kundenloyalität führt.

Bearbeitung neuer Märkte
Unternehmen, die sich in direktem Wettbewerb mit günstigen Anbietern befinden, können ihren Markt verlassen und durch die Einführung neuer Produkte und Dienstleistungen neue Märkte erschließen. Eine weitere Möglichkeit ist es, Partner zu suchen und Lizenzen zu vergeben; z. B. die Nutzung einer etablierten Marke für andere Produktkategorien.

Vorausschau
Die Vorausschau wird dazu genutzt, um eine Organisation zu schaffen, die sich auf die Erstellung und den Vertrieb der nächsten Produktgeneration fokussiert. In diesem Kontext wir auch die übernächste Produktgeneration berücksichtigt.

Verlangsamung
Um innerhalb der Commodity Trap zu agieren, muss die Entwicklung bzgl. Zusatzeigenschaften eingeschränkt bzw. verlangsamt werden. Diese wird durch gleichbleibende Preise und Produkteigenschaften erzeugt, die den Anforderungen des Marktes entsprechen. Dadurch wird ein Wettbewerb unter den Marktteilnehmern vermieden.

Kontrolle von Wettbewerbern
Sofern seitens eines Unternehmens die Marktführerschaft vorliegt, können mittels kurzfristiger Aktionen (z. B. Preisaktionen) günstige Wettbewerber kontrolliert werden. Die eigene geographische Lage kann ebenfalls genutzt werden, um

günstige Wettbewerber zu kontrollieren. Ferner können Wettbewerber akquiriert werden, um sich weitere Marktanteile zu sichern.

Mengenausweitung
Um innerhalb der Commodity Trap erfolgreich bestehen zu können, kann die Absatzmenge erhöht werden. Dies führt zu einer Erhöhung der Produktionsmenge, was eine Fixkostendegression und geringere Stückkosten mit sich bringt. Somit können Preisaktionen durchgeführt werden, ohne Gewinneinbußen hinnehmen zu müssen.

Kosten- und Preisreduktion
Die Reduktion von Kosten (z. B. Entwicklungskosten, Logistikkosten und Marketingkosten) dient dazu, erfolgreich innerhalb der Commodity Trap zu agieren und Preisreduktionen, ohne Gewinneinbußen, vorzunehmen. Mittels dieser Preisreduktionen können Wettbewerber unter Druck gesetzt werden. Die Kombination von Kosten- und Preisreduktionen mit der Mengenausweitung ist sinnvoll und notwendig.

Die Abb. 5.8 zeigt die Lösungsansätze der Commodity Trap auf.

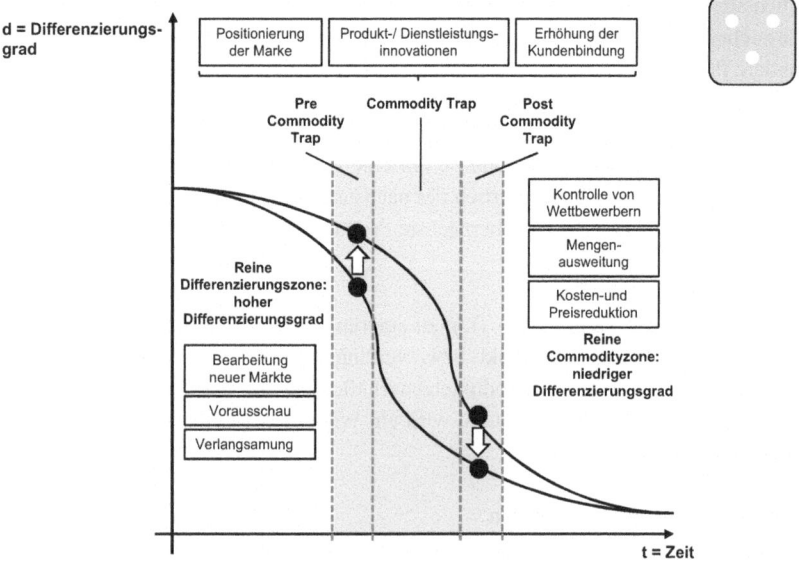

Abb. 5.8 Lösungsansätze zur Commodity Trap

Complexity Trap

6

Zusammenfassung

Ein Unternehmen befindet sich in der Complexity Trap, wenn zahlreiche Varianten und Einzellösungen für Produkte, Dienstleistungen, Prozesse, Strukturen, Kundensegmente etc., vorliegen. Innerhalb der Komplexitätszone liegt ein hoher Komplexitätsgrad vor, der zu hohen Kosten führen kann. Innerhalb der Homogenitätszone liegen wenige Varianten und Einzellösungen vor und der Komplexitätsgrad sowie die Kosten sind niedriger.

Anyone can make the simple complicated. Creativity is making the complicated simple.
Charles Mingus

6.1 Beschreibung der Complexity Trap

Komplexität stellt in der heutigen Zeit eine der größten Herausforderungen dar, denen sich Unternehmen stellen müssen. Aufgrund stagnierender Absatzzahlen, neuen technologischen Potentialen und individuellen Kundenanforderungen, nehmen Varianten und Einzellösungen für Produkte, Dienstleistungen, Prozesse, Strukturen, Kundensegmente etc., zu. Es liegt also ein höherer Komplexitätsgrad vor, der zu einer geringen internen und externen Transparenz, zu einer Zunahme von Fehlern und zu steigenden Kosten führen kann. Die Folgen des steigenden Komplexitätsgrads können sich dann negativ auf die Wettbewerbsfähigkeit und die Gewinnsituation eines Unternehmens auswirken (Abb. 6.1).

© Springer Fachmedien Wiesbaden 2016   41
D. R. A. Schallmo, L. Brecht, *Mind the Trap – 11 typische Unternehmensfallen*,
DOI 10.1007/978-3-658-09565-9_6

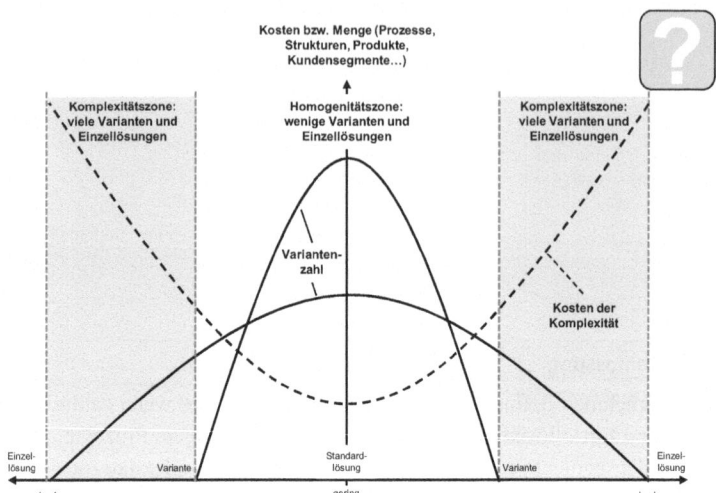

Abb. 6.1 Complexity Trap

Mit der Reduktion von Kosten ist es zwar möglich, kurzfristige Erfolge zu erzielen, langfristig kann aber die Komplexität durch diese Reduktion von Kosten
nicht verhindert werden. Zudem bleiben Wechselwirkungen von Kostenreduktionen, wie z. B. Qualitätsverschlechterungen oder Lieferschwierigkeiten, außen vor.
Wird hingegen die Komplexität unterschiedlicher Bereiche eines Unternehmens
reduziert, indem weniger Varianten vorliegen, so können Kosten gesenkt und die
Wettbewerbsfähigkeit erhöht werden (in Anlehnung an: Schreiber, 2008; Trigon,
2013).

6.2   Beispiele zur Complexity Trap

Die Complexity Trap betrifft primär alle Dimensionen des Geschäftsmodells.
Nachfolgend sind zwei Beispiele dargestellt, die die Complexity Trap erläutern
(Beispiele in Anlehnung an: Klesse, 2014).

Henkel

Ein Beispiel für die Reduktion von Komplexität ist der Düsseldorfer Hen-
kel-Konzern. Hierbei wurden die Wertschöpfungskette analysiert, Kostende-
ckungsbeitragsrechnungen durchgeführt und Szenarien erstellt. Die Szenarien

Abb. 6.2 Auszug aus dem Henkel-Produktportfolio (Henkel, 2015)

betrachteten dabei Auswirkungen, wenn bestimmte Kundensegmente nicht mehr bedient, Lieferanten gewechselt und Prozesse vereinheitlicht werden. Ein Ergebnis war, dass Rohstoffe und Verpackungen innerhalb der Produktion der drei Unternehmensbereiche Laundry and Home Care, Beauty Care und Adhesive Technologies vereinheitlicht und somit die Anzahl der Lieferanten um 25 % reduziert wurde. Zudem wurden der Einkauf und die Produktion eines 2008 übernommenen Klebstoffherstellers zusammengelegt. Weiterhin wurden Produktionsstätten in reifen Märkten geschlossen und nur noch für die Marken Persil, Schwarzkopf und Loctite neue Produkte entwickelt, da diese Marken innerhalb des gesamten Konzerns knapp 25 % des Umsatzes ausmachen.

Das Ergebnis war ein Umsatzwachstum des Konzerns von 14 auf 15 Mrd. € und eine Verdopplung der Umsatzrendite von 5,5 auf 11,4 %. Die Abb. 6.2 stellt einen Auszug aus dem Henkel-Produktportfolio dar.

Carl Friedrich Wilhelm Borgward

Carl Friedrich Wilhelm Borgward stellte in der Bremer Kühlerfabrik Borgward & Co. ab 1924 den „Blitzkarren", ein offenes Dreiradfahrzeug, das als Kleinlieferwagen genutzt wurde, her. In den Folgejahren führten Zukäufe und weitere Gründungen zu einer starken Expansion des Unternehmens. In den 50-er Jahren wuchs das Unternehmen von Borgward auf fast 23.000 Beschäftigte an und mit 200.000 verkauften Fahrzeugen im Jahr war Borgward der viertgrößte Automobilhersteller. 1949 brachte Borgward den Hansa 1500 auf den Markt, der die bekannte Pontonform von US-Pkw hatte.

Abb. 6.3 Borgward Isabella TS. (Borgward, 2015)

Es folgte der Lloyd LP 300, der in den 50-er Jahren der meistverkaufte Kleinwagen war. Borgward entwickelte anschließend als Erster einen deutschen Pkw mit Luftfederung, den P100. Im Bereich der Mittelklasse brachte Borgward die Isabella auf den Markt, die als Limousine, Kombi, Coupé und Cabrio verfügbar war und in Abb. 6.3 dargestellt ist.

Daneben stellte Borgward Nutzfahrzeuge für die Feuerwehr, die Bundeswehr, Bauunternehmer und Spediteure her und entwickelte ab 1956 Hubschrauber der Typen Kolibri I und II.

Die Modellvielfalt von Borgward führte dazu, dass das Unternehmen zum Jahresende 1960 wegen Überschuldung die Insolvenz anmelden musste. Statt sich auf ein überschaubares Produkt- und Markenportfolio zu konzentrieren, führte die Modellvielfalt zu einer enormen Komplexität und zu steigenden Kosten.

6.3 Auslöser und Folgen der Complexity Trap

Die Abb. 6.4 zeigt die Auslöser für die Complexity Trap auf. Ausgehend von der Globalisierung von Märkten, liegen länderspezifische Anforderungen vor, die häufig zu einer Erweiterung der Leistungsvielfalt (Produkte und Dienstleistungen) am Markt führen. Kundenseitig liegen individuelle Anforderungen vor, die in vielen Fällen anbieterseitig zu einer Verkleinerung von Kundensegmenten führen. Die

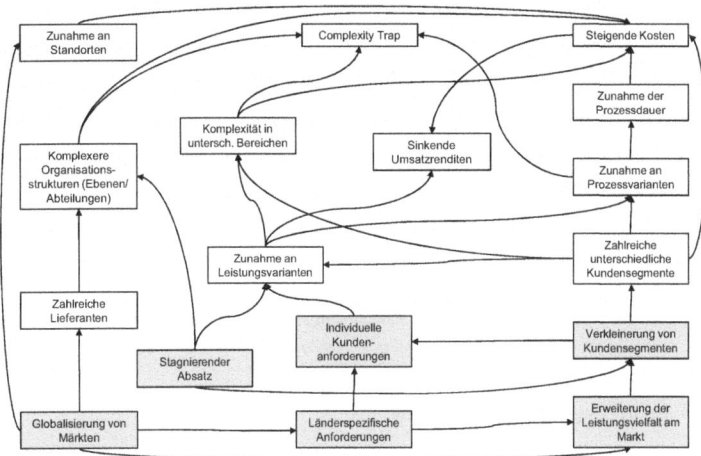

Abb. 6.4 Auslöser und Folgen der Complexity Trap

Anbieter haben aufgrund der Globalisierung einen Zugang zu zahlreichen Lieferanten und ein stagnierender Absatz kann zu komplexeren Organisationsstrukturen, zu einer Zunahme von Leistungsvarianten und ebenfalls zu einer Verkleinerung von Kundensegmenten führen.

Dies führt oftmals zu einer Zunahme der Komplexität in unterschiedlichen Bereichen, wie z. B. Einkauf, Produktion, Lagerhaltung und Vertrieb. Ebenso können Prozessvarianten und -zeiten zunehmen und die Organisationsstrukturen innerhalb eines Unternehmens komplexer werden. Die Globalisierung führt häufig auch dazu, dass die Anzahl der Standorte zunimmt. Die beschriebenen Auslöser führen insgesamt zu einer steigenden Gesamtkomplexität und zu steigenden Kosten, wodurch folglich die Umsatzrendite sinkt (in Anlehnung an Cole, 2010, Hoffmann, 2000; Klesse, 2014; Schreiber, 2008).

6.4 Indikatoren der Complexity Trap

Die Complexity Trap weist Indikatoren auf, die zur Erkennung der Trap dienen. Die Indikatoren lassen sich dem gesamten Geschäftsmodell zuordnen (Abb. 6.5). Sie werden mit: „trifft gar nicht zu", „trifft teilweise zu" und „trifft vollkommen zu" bewertet. Tabelle 6.1 enthält exemplarische Indikatoren (in Anlehnung an Cole, 2010; Hoffmann, 2000; Schreiber, 2008; Trigon, 2013).

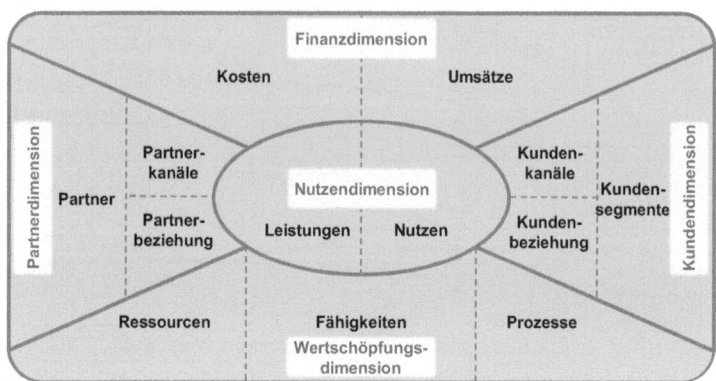

Abb. 6.5 Zuordnung der Complexity Trap

Tab. 6.1 Indikatoren der Complexity Trap

	Trifft gar nicht zu	Trifft teilw. zu	Trifft vollk. zu
Geschäftsmodellindikatoren (Kundendimension)			
1. Die Kundensegmente sind klein und zahlreich	O	O	O
2. Die Kundenkanäle sind unterschiedlich und zahlreich	O	O	O
3. Die Kundenbeziehungen sind unterschiedlich und zahlreich	O	O	O
Geschäftsmodellindikatoren (Nutzendimension)			
4. Die Anzahl an Varianten von Produkten und Dienstleistungen ist hoch	O	O	O
5. Die Produkte werden nicht modular, sondern individuell erstellt	O	O	O
Geschäftsmodellindikatoren (Wertschöpfungsdimension)			
6. Die Standorte sind zahlreich	O	O	O
7. Die Organisationsstrukturen sind komplex	O	O	O
8. Die Anzahl an Varianten von Prozessen ist hoch	O	O	O
9. Die Dauer von Prozessen ist hoch	O	O	O
Geschäftsmodellindikatoren (Partnerdimension)			
10. Die Anzahl an Partnern (insb. Lieferanten) ist hoch	O	O	O
11. Die Abstimmung mit den Partnern ist komplex	O	O	O
Geschäftsmodellindikatoren (Finanzdimension)			
12. Die Kosten für die Pflege der Kundenbeziehungen und der Kundenkanäle sind hoch	O	O	O
13. Die Kosten für die Pflege des Produkt- und Dienstleistungsportfolios sind hoch	O	O	O

Tab. 6.1 (Fortsetzung)

	Trifft gar nicht zu	Trifft teilw. zu	Trifft vollk. zu
Geschäftsmodellindikatoren (Kundendimension)			
14. Die Kosten für die Erstellung Produkt- und Dienstleistungsportfolios sind hoch	O	O	O
15. Die Kosten für unterschiedliche Standorte sind hoch	O	O	O
16. Die Kosten für Organisationsstrukturen sind hoch	O	O	O
17. Die Kosten für Prozesse sind hoch	O	O	O
18. Die Kosten zur Pflege der Partnerbeziehungen sind hoch	O	O	O
19. Die Umsätze verteilen sich auf zahlreiche unterschiedliche Produkte und Dienstleistungen	O	O	O
20. Die Umsatzrendite ist gering	O	O	O

Die oben aufgeführten Indikatoren werden mit ihren Ausprägungen wie folgt bewertet:

- trifft gar nicht zu: 1 Punkt
- trifft teilweise zu: 2 Punkte
- trifft vollkommen zu: 3 Punkte.

Auf Basis der Zusammenfassung der Bewertung lassen sich anschließend folgende Einschätzungen vornehmen:

- 20 Punkte: Es besteht keine Gefahr, in die Trap zu geraten.
- 21–40 Punkte: Es besteht eine mittlere Gefahr, in die Trap zu geraten. Präventive Maßnahmen zum Vermeiden der Trap sind einzuleiten.
- 41–60 Punkte: Es besteht hohe Gefahr, da sich das Unternehmen bereits in der Trap befindet. Maßnahmen zum Entkommen aus der Trap sind einzuleiten.

Die Auflistung der Indikatoren ist exemplarisch und kann bei Bedarf angepasst werden. In diesem Fall müssen die Punktekorridore mit den Einschätzungen angepasst werden.

6.5 Lösungsansätze zur Complexity Trap

Die Lösungsansätze der Complexity Trap verlaufen sequenziell und sind in Abb. 6.6 dargestellt (in Anlehnung an Cole, 2010; Hoffmann, 2000; Schreiber, 2008; Trigon, 2013).

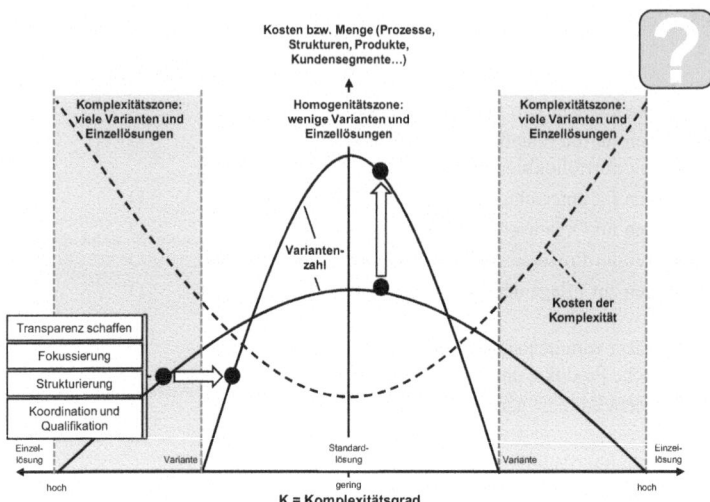

Abb. 6.6 Lösungsansätze zur Complexity Trap

Transparenz schaffen

Zunächst gilt es zu klären, welche Bereiche, wie z. B. die Entwicklung, die Beschaffung, die Produktion, die Auftragsabwicklung und der Vertrieb von einer hohen Komplexität betroffen sind. Es gilt ebenfalls zu klären, welche Kosten aufgrund der vorliegenden Komplexität innerhalb von Produkten, Dienstleistungen, Prozessen, Strukturen und Kundensegmenten etc. entstehen und wie hoch der jeweilige Beitrag zum Kundennutzen ist. Somit liegt eine Transparenz vor, in welchen Bereichen eine Komplexität vorliegt und welche Kosten aufgrund der Komplexität entstehen.

Fokussierung

Im nächsten Schritt wird eine Fokussierung auf die wichtigsten Bereiche innerhalb des Unternehmens vorgenommen. Hierfür werden alle nicht-wertschöpfenden Produkte, Dienstleistungen, Prozesse, Strukturen, Kundensegmente etc. bereinigt, indem Varianten reduziert werden. Eine Bestimmung der idealen Anzahl an Varianten ist in diesem Zusammenhang vorzunehmen, die die gegenseitigen Abhängigkeiten berücksichtigt.

Bereits in der Produktentwicklung können z. B. Varianten reduziert werden, indem eine parallele Planung stattfindet, kundenintegriert entwickelt und eine modulare Bauweise vorangetrieben wird. Innerhalb der Beschaffung kann z. B. die Anzahl der Lieferanten reduziert und mit Systemlieferanten kooperiert werden. Lieferanten können ebenso innerhalb der Entwicklung, Qualitätssicherung und Logistik integriert werden, um Prozesse zu vereinfachen. Innerhalb der Produktion und der Auftragsabwicklung dient die Produktionssegmentierung dazu, die Komplexität zu reduzieren. Dabei spielen z. B. (teil-)autonome Arbeitsgruppen, eine räumliche Konzentration (U-Form) und die Selbstkontrolle bei der Qualitätssicherung eine Rolle. Die Reduktion der Komplexität im Vertrieb kann über die Ausstattungs- und Preisstabilitätsanalyse erfolgen.

Strukturierung

Eine Neustrukturierung von Prozessen, der Organisation und Kundensegmenten dient ebenfalls dazu, Komplexität zu reduzieren. Dabei gilt es, einen Ausgleich zwischen der kundenorientierten und der intern orientierten Komplexität zu ermöglichen. Die Organisation kann dabei modular aufgebaut sein. Die Basis sind dabei integrierte und kundenorientierte Prozesse, die in relativ kleine und überschaubare Einheiten (Module) gegliedert werden können.

Koordination und Qualifikation

Die Neustrukturierung wird durch geeignete Koordinationsmechanismen ermöglicht. Diese beinhalten Informationsflüsse und ein Entlohnungssystem, das hilft Komplexität zu reduzieren. Um alle Initiativen zur Reduktion von Komplexität nachhaltig umzusetzen, ist die Qualifikation, in Form von Schulungen, von Mitarbeitern notwendig.

Consensus Earnings Trap

7

Zusammenfassung

Ein Unternehmen befindet sich in der Consensus Earnings Trap, wenn aufgrund von Abweichungen von Vorhersagewerten und tatsächlichen Werten (insb. Gewinn, aber auch Umsatz und Wachstum), innerhalb der Aktionszone, kurzfristige Maßnahmen umgesetzt werden. Diese Maßnahmen führen in der Toleranzzone zu einer kurzfristigen Angleichung der tatsächlichen Werte an die Vorhersagewerte, in der Schadenszone aber zu einem langfristigen Schaden für das Unternehmen.

Prognosen sind eine schwierige Sache. Vor allem, wenn sie die Zukunft betreffen.
Mark Twain (1835–1910)

7.1 Beschreibung der Consensus Earnings Trap

In Unternehmen liegt häufig ein hoher Druck bezüglich der Erfüllung und Übertreffung von Vorhersagen vor, die insbesondere Gewinne, aber auch Umsätze und das Wachstum betreffen. Die Ursache für diese Vorhersagen kann die Annahme sein, bestehende Investoren zu halten bzw. neue Investoren gewinnen zu können, was sich positiv auf die Entwicklung des Aktienkurses eines Unternehmens auswirken kann. Sofern die Gewinne unter den zuvor getroffenen Vorhersagen liegen, kann es sein, dass Investoren keine Investitionen mehr tätigen, so die häufige Meinung bei Geschäftsführern von Kapitalgesellschaften (Abb. 7.1).

Dies hat meistens zur Folge, dass seitens der Unternehmensleitung kurzfristige Maßnahmen umgesetzt werden, um den Gewinn vor Jahresabschluss zu erhöhen. Es soll also ein Konsens, hinsichtlich der getroffenen Vorhersagen und der tatsächlich erzielten Ergebnisse erreicht werden. Die umgesetzten Maßnahmen können

© Springer Fachmedien Wiesbaden 2016
D. R. A. Schallmo, L. Brecht, *Mind the Trap – 11 typische Unternehmensfallen,*
DOI 10.1007/978-3-658-09565-9_7

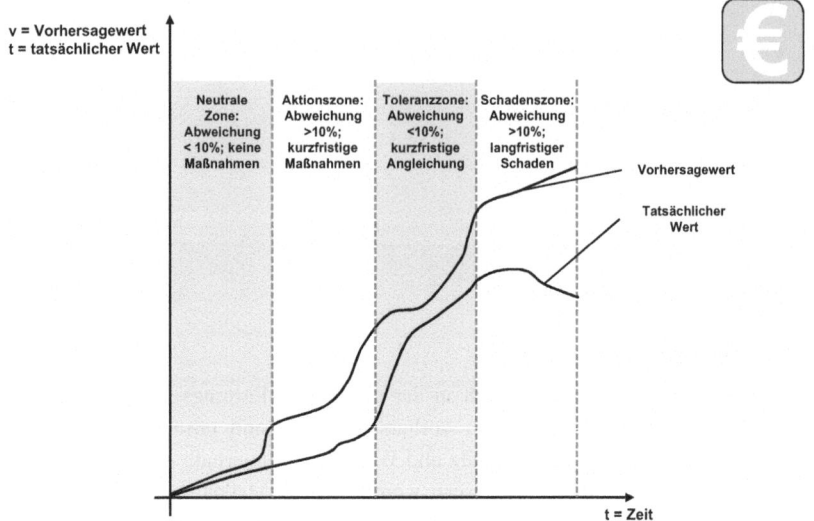

Abb. 7.1 Consensus Earnings Trap

dem Unternehmen allerdings langfristig schaden und sich somit negativ auf zukünftige Gewinne auswirken.

Investoren erheben und vergleichen oftmals Unternehmensnachrichten und Jahresabschlüsse, um Gewinnanalysen durchzuführen und somit zu verstehen, wie Gewinne zustande gekommen sind. Mit Hilfe dieser Gewinnanalyse ist es möglich, kurzfristige Maßnahmen, die am Ende einer Periode zu einer Verbesserung der tatsächlichen Werte führen, gleichzeitig allerdings folgende Perioden negativ beeinflussen, zu identifizieren (in Anlehnung an: Rödl und Dierichs, 2004; Koller et al., 2013).

Hierbei ist kritisch anzumerken, dass nicht alle kurzfristigen Maßnahmen innerhalb des Jahresabschlusses ersichtlich sind und das Klein-Anleger häufig keine detaillierten Analysen durchführen können.

7.2 Beispiel zur Consensus Earnings Trap

DaimlerChrylser

Die Consensus Earnings Trap tritt primär bei börsennotierten Unternehmen auf, die sich am Aktienmarkt Kapital beschaffen. Als Beispiele seien an dieser Stelle Automobilhersteller genannt. Die Automobilbranche befand sich 2005 in der Krise und der damalige DaimlerChrylser Konzern hatte damals Verbindlichkeiten in Höhe von 77 Mrd. €; bei General Motors (GM) und Ford beliefen sich die Verbindlichkeiten auf jeweils mehr als 100 Mrd. €. Folglich stuften Ratingagenturen die Anleihen von GM und Ford auf „Ramsch-Status" herunter. Eine Möglichkeit, die Liquidität und den Gewinn (kurzfristig) zu erhöhen ist das Sale-and-Lease-Back-Verfahren, das im Immobilienbereich hauptsächlich für Bürotürme, Wohnungsportfolios, Einkaufs- und Logistikzentren angewandt wurde. Dies wurde jedoch nicht für ganze Fabrikanlagen und insbesondere Automobilwerke in Betracht gezogen. Mit dem Verkauf von Fabrikanlagen ist es allerdings ebenfalls möglich, die Liquidität zu erhöhen und Schulden eines Unternehmens zu tilgen.

Werden Fabrikanlagen veräußert, so müssen sich Automobilhersteller dazu verpflichten, veräußerte Werke 20 Jahre lang zu pachten und würden somit ihre Flexibilität (z. B. Schließung eines Werkes) verlieren, da sie in jedem Fall eine Pacht entrichten müssen, die die Liquidität beeinflussen. Zudem sind Produktionsstätten nur schwer an Dritte zu veräußern, was wiederum eine Reduktion des Kaufpreises zur Folge hat, um das Risiko für den Käufer zu reduzieren.

Bei DaimlerChrysler einigte man sich darauf, nur Immobilien für Sale-and-Lease-Back in Betracht zu ziehen, die nicht zum Kerngeschäft gehören. So wurde 2006 das Hauptquartier in Stuttgart-Möhringen an die IXIS Capital Partners Ltd. veräußert (Abb. 7.2). Im Jahr 2007 wurde dann der Komplex am Potsdamer Platz in Berlin an die SEB Asset Management verkauft (Daimler, 2006a; Daimler, 2006b; Daimler, 2014; Welt, 2005).

7.3 Auslöser und Folgen der Consensus Earnings Trap

Hauptauslöser für die Trap sind hohe Erwartungen seitens der Investoren eines Unternehmens in Bezug auf die Unternehmensergebnisse. In Kombination mit Vorhersagen, die historische Unternehmensergebnisse übersteigen, hat dies zur Folge, dass die Unternehmensleitung Bedenken im Hinblick auf negative Reaktionen durch Investoren haben kann, was sich wiederum negativ auf den Aktienkurs auswirken würde.

Diese Bedenken führen meist dazu, dass kurzfristige Maßnahmen zum Erreichen bzw. zum Übersteigen der getroffenen Vorhersagen eingeleitet werden. Zu solchen Maßnahmen gehören zum Beispiel Rabattaktionen, um kurzfristige Umsätze zu erzielen. Daneben können Umsätze des Folgejahres in das aktuelle Jahr vorgezogen und Investitionen verschoben werden, um das Unternehmensergebnis positiv zu verändern.

Abb. 7.2 Daimler-Zentrale in Stuttgart Möhringen. (Mercedes Benz, 2015)

Diese Maßnahmen können kurzfristig das Vertrauen von Investoren in das Unternehmen stärken und somit zu einem stabilen Aktienkurs führen. Langfristig können solche Maßnahmen das Unternehmen allerdings gefährden, da z. B. die Wettbewerbsfähigkeit durch ausgebliebene Investitionen eingeschränkt wird und im Folgejahr bereits geplante Umsätze fehlen. Aufgrund der getroffenen und erzielten Vorhersagen, steigt der Ergebnisdruck weiter und der Kreislauf beginnt erneut. Unternehmen befinden sich somit in der Consensus Earnings Trap (in Anlehnung an: Koller et al., 2013).

Abbildung 7.3 zeigt die Auslöser und Folgen der Consensus Earnings Trap auf.

7.4 Indikatoren der Consensus Earnings Trap

Die Consensus Earnings Trap weist Indikatoren auf, die zur Erkennung der Trap dienen. Die Indikatoren lassen sich dem Markt und dem Geschäftsmodell (Finanzdimension) zuordnen (Abb. 7.4.). Sie werden mit: „trifft gar nicht zu", „trifft teilweise zu" und „trifft vollkommen zu" bewertet. Tabelle 7.1 enthält exemplarische Indikatoren (in Anlehnung an: Koller et al., 2013).

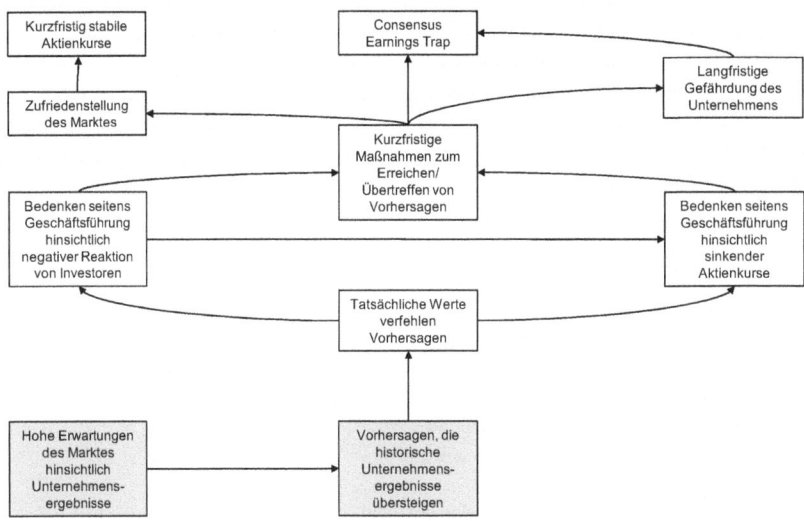

Abb. 7.3 Auslöser und Folgen der Consensus Earnings Trap

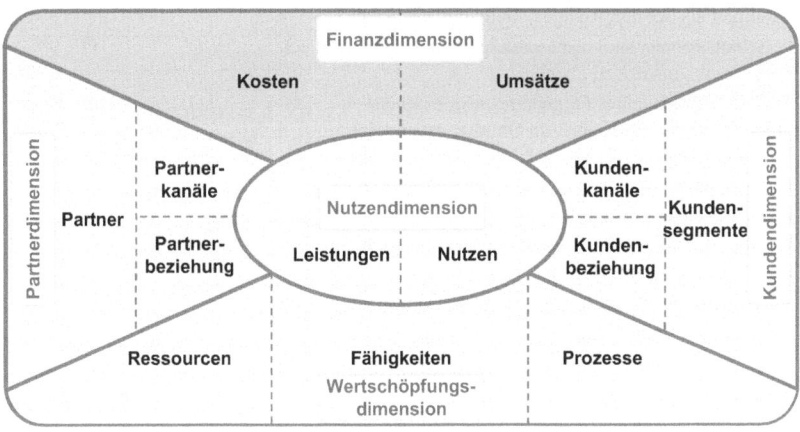

Abb. 7.4 Zuordnung der Consensus Earnings Trap

Die oben aufgeführten Indikatoren werden mit ihren Ausprägungen wie folgt bewertet:

- trifft gar nicht zu: 1 Punkt
- trifft teilweise zu: 2 Punkte
- trifft vollkommen zu: 3 Punkte.

Tab. 7.1 Indikatoren der Consensus Earnings Trap

	Trifft gar nicht zu	Trifft teilw. zu	Trifft vollk. zu
Marktindikatoren			
1. Die Erwartungen hinsichtlich der Unternehmensergebnisse sind seitens der Investoren hoch	O	O	O
2. Die Abhängigkeit von Investoren ist hoch	O	O	O
3. Die Beeinflussung der Unternehmensleitung durch Einschätzungen von Analysten ist hoch	O	O	O
Geschäftsmodellindikatoren (Finanzdimension)			
4. Die Höhe der Vorhersagewerte bzgl. der Unternehmensergebnisse hat in den letzten Jahren stetig zugenommen	O	O	O
5. Rückblickend liegt eine hohe Abweichung der getroffenen Prognosen und der tatsächlichen Werte vor	O	O	O
6. Die getroffenen Vorhersagewerte wurden in den letzten Jahren erfüllt bzw. übertroffen	O	O	O
7. Die Unternehmensleitung ist nicht finanziell am Unternehmen, sondern ausschließlich am Unternehmensergebnis beteiligt	O	O	O
8. Ein hohes und kurzfristig erzieltes Ergebnis ist wichtiger als der langfristige Unternehmenserfolg	O	O	O
9. Rabattaktionen sind insbesondere im vierten Quartal üblich, um Umsätze zu erzielen	O	O	O
10. Die Aufträge eines Folgejahres werden in das vierte Quartal vorgezogen, um Umsätze zu erzielen	O	O	O
11. Rückstellungen werden aufgelöst, um einen kurzfristigen positiven Effekt auf das Unternehmensergebnis zu erzielen	O	O	O
12. Die Investitionen werden ausgesetzt, um ein höheres Unternehmensergebnis zu erzielen	O	O	O
13. Es liegen keine geeigneten Prognoseinstrumente vor	O	O	O

Auf Basis der Zusammenfassung der Bewertung lassen sich anschließend folgende Einschätzungen vornehmen:

- 13 Punkte: Es besteht keine Gefahr, in die Trap zu geraten.
- 14–27 Punkte: Es besteht eine mittlere Gefahr, in die Trap zu geraten. Präventive Maßnahmen zum Vermeiden der Trap sind einzuleiten.
- 28–39 Punkte: Es besteht hohe Gefahr, da sich das Unternehmen bereits in der Trap befindet. Maßnahmen zum Entkommen aus der Trap sind einzuleiten.

Die Auflistung der Indikatoren ist exemplarisch und kann bei Bedarf angepasst werden. In diesem Fall müssen die Punktekorridore mit den Einschätzungen angepasst werden.

7.5 Lösungsansätze zur Consensus Earnings Trap

Folgende Maßnahmen liegen vor, um der Consensus Earnings Trap entgegenzuwirken (in Anlehnung an: Koller et al., 2013; ibo, 2015).

Keine Orientierung an Investorenerwartungen
Innerhalb der neutralen Zone, also zu Beginn eines Jahres, sollte die Geschäftsleitung keinesfalls die Vorhersagen, hinsichtlich Umsatz, Gewinn und Wachstum, an den Erwartungen der Investoren ausrichten. Somit kann verhindert werden, dass innerhalb der Aktionszone Maßnahmen umgesetzt werden, die zwar kurzfristig eine Angleichung der tatsächlichen Werte an die Vorhersagewerte ermöglichen, langfristig aber die Wettbewerbsfähigkeit des Unternehmens negativ beeinflussen.

Realistische Vorhersagewerte
Um realistische Vorhersagewerte zu erzielen, können geeignete Prognoseinstrumente, wie zum Beispiel die Entwicklung von Szenarien zum Einsatz kommen. Daneben können Benchmarks mit Wettbewerbern und der Austausch mit Analysten dazu dienen, um realistische Vorhersagewerte abzuleiten.

Rollierende Korridorplanung
Mittels der rollierenden Korridorplanung wird zunächst ein grober Plankorridor festgelegt. Im Anschluss wird die erste Phase detailliert geplant. Die Erkenntnisse aus der Realisierung der ersten Phase fließen in die detaillierte Planung der nächsten Phase und in die grobe Planung des gesamten Betrachtungszeitraums. Somit ist es möglich, gewonnene Erkenntnisse in die kurzfristige Planung einzubinden.

Keine Preisaktionen
Innerhalb der Aktionszone, die meist während des laufenden Jahres vorkommt, sollten Preis- und Rabattaktionen zum Ende des Jahres vermieden werden. Solche Aktionen können zwar kurzfristig zu Umsatzerhöhungen führen, die sich allerdings mittel- bis langfristig negativ auf zukünftige Umsätze und Gewinne auswirken.

Keine Kostenreduktionen
Oftmals werden Kostenreduktionen in der Produktentwicklung, im Vertrieb und im Marketing vorgenommen, um die Gewinne eines Unternehmens kurzfristig zu

verbessern. Diese Kosten haben allerdings in den meisten Fällen einen positiven
Einfluss auf die Wettbewerbsfähigkeit und somit auf das Wachstum eines Unternehmens.

Keine Auflösung von Rückstellungen
Rückstellungen sind Aufwendungen, die erst zu einem späteren Zeitpunkt zu Aus-
zahlungen führen. Sie werden in der Gewinn- und Verlustrechnung vom Umsatz
abgezogen und dienen dazu, notwendige Mittel für eventuell eintretende Schäden
innerhalb des Unternehmens zu belassen. Rückstellungen, die am Jahresende auf-
gelöst werden, können zu einer „Verschönerung" der Bilanz führen. Treten allerdings zu einem späteren Zeitpunkt Schäden auf, so fehlen die notwendigen Rückstellungen zu Lasten von Gewinnen.

Proaktive Kommunikation
Sofern Abweichungen eintreten, sollten diese den Finanzmärkten kommuniziert
werden und Anpassungen der Vorhersagewerte vorgenommen werden. In diesem
Zusammenhang sollte auch erläutert werden, dass kurzfristige Maßnahmen nicht
zum Einsatz kommen, da diese die Wettbewerbsfähigkeit des Unternehmens ein-
schränken würden.

Die Lösungsansätze der Consensus Earnings Trap sind in Abb. 7.5 dargestellt.

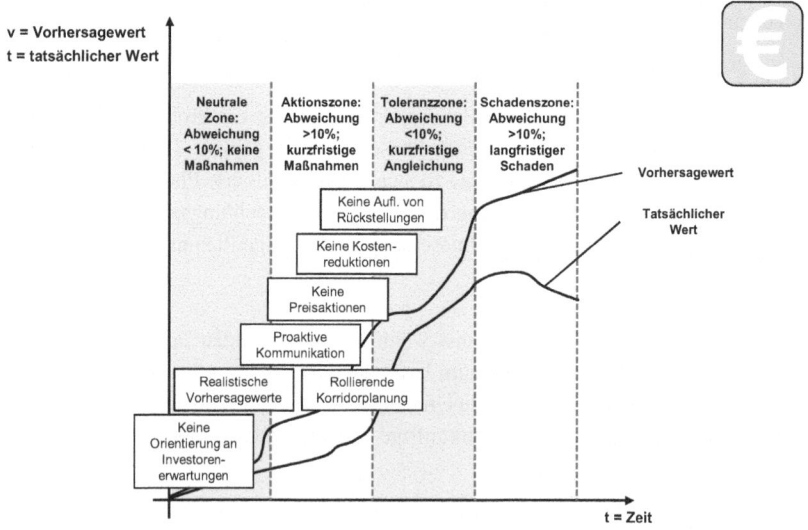

Abb. 7.5 Lösungsansätze zur Consensus Earnings Trap

Execution Trap

8

Zusammenfassung

Ein Unternehmen befindet sich in der Execution Trap, wenn eine hohe Trennung zwischen der Unternehmensleitung und den Mitarbeitern im Rahmen der Strategieentwicklung vorliegt. In diesem Fall werden die Mitarbeiter nicht in die Entwicklung der Strategie, die ihren Bereich betrifft, einbezogen, sondern lediglich als ausführendes Organ betrachtet, das eine Strategie umsetzen soll Dies hat häufig zur Folge, dass ein niedriger Umsetzungsgrad der Strategie vorliegt, was sich wiederum negativ auf deren Zielerreichung auswirken kann.

Große Gedanken brauchen nicht nur Flügel, sondern auch ein Fahrgestell zum Landen.Neil Armstrong (1930–2012)

8.1 Beschreibung der Execution Trap

Ein Unternehmen befindet sich in der Execution Trap, wenn ein hoher Trennungsgrad zwischen der Unternehmensleitung und den Mitarbeitern im Rahmen der Entwicklung einer Strategie vorliegt. In diesem Fall werden die Mitarbeiter, die eine Strategie umsetzen sollen, als ausführendes Organ betrachtet. Folglich werden sie nicht in die Entwicklung der Strategie, zumindest für ihren Bereich, einbezogen. Als Ergebnis liegt häufig ein niedriger Umsetzungsgrad der Strategie vor, was sich negativ auf deren Zielerreichung auswirken kann.

In der Vergangenheit lag die Annahme vor, dass die Ursache für nicht erreichte Ziele einer Strategie ausschließlich an deren fehlerhaften Implementierung liegt.

© Springer Fachmedien Wiesbaden 2016
D. R. A. Schallmo, L. Brecht, *Mind the Trap – 11 typische Unternehmensfallen,*
DOI 10.1007/978-3-658-09565-9_8

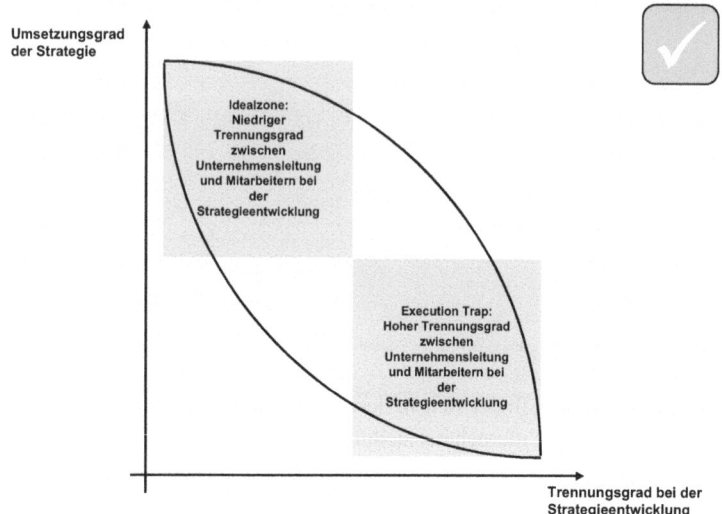

Abb. 8.1 Execution Trap

Im Kontext der Execution Trap wird jedoch davon ausgegangen, dass eine strikte Trennung zwischen der Entwicklung einer Strategie und deren Implementierung die Ursache für nicht erreichte Ziele ist. Liegt nun eine fehlerhafte Implementierung einer Strategie vor, was sich durch das Nichterreichen von Zielen äußern kann, so werden häufig die Mitarbeiter und nicht die Unternehmensleitung zur Verantwortung gezogen (Martin, 2010, S. 67 f.).

8.2   Beispiel zur Execution Trap

Four Seasons Hotels and Resorts (Fortunes List, 2015; Four Seasons, 2014; J. D. Power and Associate´s 2015)
Ein positives Beispiel für eine geringe Distanz zwischen der Entwicklung und der Implementierung einer Strategie, ist das Unternehmen Four Seasons Hotels and Resorts. Der CEO Isadore Sharp hat eine Unternehmenskultur geschaffen, die Mitarbeiter aller Ebenen in strategische Entscheidungen, die ihren jeweiligen Bereich betreffen, involviert.

Abb. 8.2 Golden Rule von Four Seasons (Four Seasons, 2014)

Dabei wird der Einstellung gefolgt, dass alle Mitarbeiter ihre Kollegen und Gäste so behandeln, wie sie selbst behandelt werden möchten. Diese Einstellung wird als „golden rule" des Four Seasons bezeichnet, die Isadore Sharp selbst umsetzt, indem er z. B. jedem Mitarbeiter einen Entscheidungsspielraum zuspricht. Die „golden rule" von Four Seasons ist in Abb. 8.2 dargestellt.

Nachfolgende Ergebnisse sind sicherlich nicht ausschließlich der „golden rule" zuzusprechen, jedoch ist anzunehmen, dass die „golden rule" eine wichtige Rolle spielt:

- Four Seasons Hotels and Resorts ist eines der weltweit 13 Unternehmen, das seit der Einführung der „Fortune's List" (die besten 100 Unternehmen), jedes Jahr in dieser Liste aufgeführt ist.
- Four Seasons Hotels and Resorts ist auf dem ersten Platz des „J. D. Power and Associate's annual Hotel Guest Satisfaction Index".
- Four Seasons Hotels and Resorts wird regelmäßig bei den „Condé Nast Traveler Readers Choice Awards" geehrt.

8.3 Auslöser und Folgen der Execution Trap

Die Auslöser für die Execution Trap sind Veränderungen wie z. B. neue Technologien, neue Märkte und neue Geschäftsmodelle, die sich in neuen Strategien wiederfinden können. Diese Strategien werden oftmals ausschließlich von der Unternehmensleitung entwickelt und vorgegeben. Es liegt somit eine Trennung zwischen der Entwicklung (Unternehmensleitung) und der Implementierung (Mitarbeiter) von Strategien vor. Die Mitarbeiter eines Unternehmens werden folglich nicht in strategische Entscheidungen einbezogen. Ihre Aufgabe ist lediglich, die Umsetzung der vorgegebenen Strategie. Die Folge ist häufig eine geringe bzw. keine Identifikation der Mitarbeiter mit der Strategie (in Anlehnung an Martin, 2010, S. 66 f.).

Werden hingegen die gesetzten Ziele der Strategie erreicht und ist diese somit erfolgreich, so wird meist der Unternehmensleitung dieser Erfolg zugerechnet. Ist eine Strategie hingegen nicht erfolgreich, so werden häufig die Mitarbeiter, die an der Umsetzung beteiligt waren, dafür verantwortlich gemacht.

Die Schlussfolgerung der Mitarbeiter kann sein, dass sie keinen Einfluss auf die Strategie haben und keine Anerkennung für die erfolgreiche Umsetzung dieser bekommen werden. Seitens der Mitarbeiter entstehen eine Enttäuschung und eine noch geringere Identifikation mit der Strategie des Unternehmens. Zudem liegt meist ein schlechter Informationsfluss von Mitarbeitern zur Unternehmensleitung vor (in Anlehnung an Martin, 2010, S. 68 f.). Die Auslöser und Folgen der Execution Trap sind in Abb. 8.3 dargestellt.

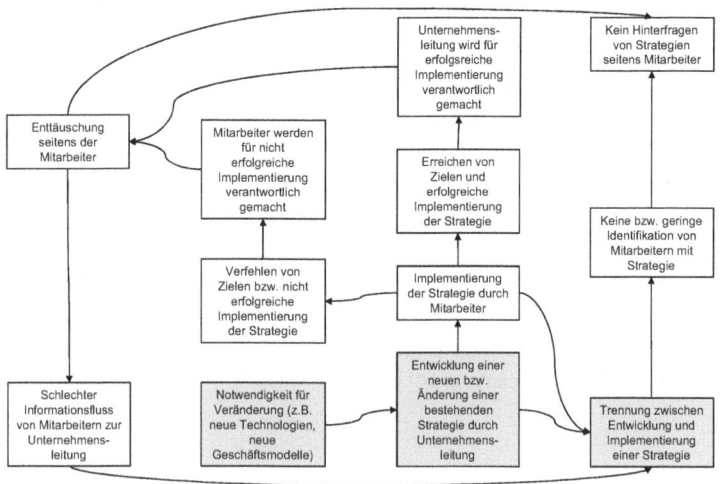

Abb. 8.3 Auslöser und Folgen der Execution Trap

8.4 Indikatoren der Execution Trap

Die Execution Trap weist Indikatoren auf, die zur Erkennung der Trap dienen. Die Indikatoren lassen sich dem Geschäftsmodell (Wertschöpfungsdimension) zuordnen (Abb. 8.1). Sie werden mit: „trifft gar nicht zu", „trifft teilweise zu" und „trifft vollkommen zu" bewertet. Tabelle 8.1 enthält exemplarische Indikatoren (in Anlehnung an Martin, 2010, S. 66 ff.).

Die oben aufgeführten Indikatoren werden mit ihren Ausprägungen wie folgt bewertet:

- trifft gar nicht zu: 1 Punkt
- trifft teilweise zu: 2 Punkte
- trifft vollkommen zu: 3 Punkte.

Auf Basis der Zusammenfassung der Bewertung lassen sich anschließend folgende Einschätzungen vornehmen:

- 13 Punkte: Es besteht keine Gefahr, in die Trap zu geraten.
- 14–26 Punkte: Es besteht eine mittlere Gefahr, in die Trap zu geraten. Präventive Maßnahmen zum Vermeiden der Trap sind einzuleiten.
- 27–39 Punkte: Es besteht hohe Gefahr, da sich das Unternehmen bereits in der Trap befindet. Maßnahmen zum Entkommen aus der Trap sind einzuleiten.

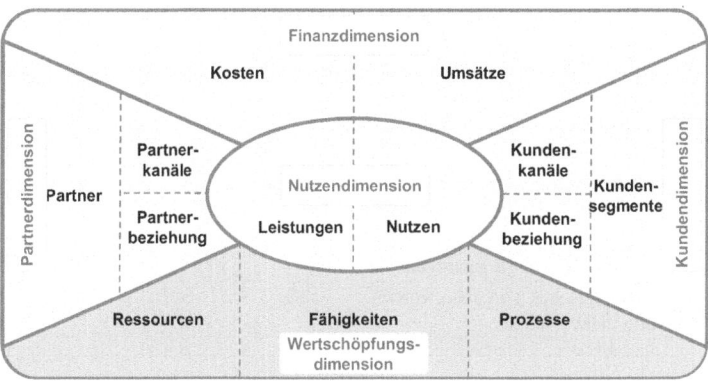

Abb. 8.4 Zuordnung der Execution Trap

Tab. 8.1 Indikatoren der Execution Trap

	Geschäftsmodellindikatoren (Wertschöpfungsdimension)	trifft gar nicht zu	trifft teilw. zu	trifft vollk. zu
1.	Neue Strategien bzw. Strategieänderungen werden ausschließlich von der Unternehmensleitung entwickelt	O	O	O
2.	Die Mitarbeiter werden hinsichtlich der strategischen Überlegungen nicht befragt bzw. nicht in die Entwicklung der Strategie involviert	O	O	O
3.	Die Mitarbeiter hinterfragen Strategien und deren Inhalte nicht, sondern setzen diese anhand den Anweisungen der Unternehmensleitung um	O	O	O
4.	Die Mitarbeiter sind nur für die Umsetzung der Strategie verantwortlich	O	O	O
5.	Für eine erfolgreiche Strategie werden die „Entwickler" und nicht die „Umsetzer" verantwortlich gemacht	O	O	O
6.	Für eine nicht erfolgreiche Strategie werden die „Umsetzer" und nicht die „Entwickler" verantwortlich gemacht	O	O	O
7.	Die Mitarbeiter identifizieren sich nicht mit den Inhalten der Strategie	O	O	O
8.	Die Mitarbeiter haben das Gefühl, dass ihre Meinung hinsichtlich der Strategie nicht gefragt ist	O	O	O
9.	Die Mitarbeiter haben eine geringe Bereitschaft, strategische Veränderungen innerhalb des Unternehmens umzusetzen	O	O	O
10.	Der Informationsfluss zwischen Mitarbeitern und der Unternehmensleitung ist schlecht	O	O	O
11.	Zeitliche Verzögerung der Strategieentwicklung und -umsetzung	O	O	O
12.	Es liegen keine konkreten Umsetzungspläne für Strategien vor	O	O	O
13.	Die strategischen Vorgaben werden häufig nicht erreicht	O	O	O

Die Auflistung der Indikatoren ist exemplarisch und kann bei Bedarf angepasst werden. In diesem Fall müssen die Punktekorridore mit den Einschätzungen angepasst werden.

8.5 Lösungsansätze zur Execution Trap

Offene Unternehmenskultur
Um die Execution Trap zu umgehen, muss auch eine offene Unternehmenskultur vorliegen, bei der die Mitarbeiter innerhalb der Visions- und Zielfindung einbezogen sind. Dazu gehört auch, dass getroffene Entscheidungen und deren Zweck den Mitarbeitern durch die Unternehmensleitung erläutert werden.

Verknüpfung von Strategieentwicklung und -implementierung
Um die Execution Trap zu umgehen, sollte auf jeder Hierarchieebene eines Unternehmens ein Spielraum für Entscheidungen vorliegen. In diesem Fall arbeiten die Unternehmensleitung und die Mitarbeiter im Rahmen der Entwicklung und Implementierung einer Strategie auf einer gemeinsamen Ebene.

Treffen gemeinsamer Entscheidungen
Alle Entscheidungen sollten gemeinsam und zu Gunsten des Unternehmens getroffen werden. Die Unternehmensleitung übernimmt hierbei die Verantwortung für langfristige Entscheidungen, während die Mitarbeiter die Verantwortung für das Tagesgeschäft, wie z. B. Kundenservice und die Kundenzufriedenheit, übernehmen. Dies bedeutet, dass die Unternehmensleitung offen für Vorschläge und Anpassungen von Strategien sein muss. Die Mitarbeiter werden somit in den Entscheidungsprozess einbezogen (in Anlehnung an Martin, 2010, S. 67 ff.).

Frühzeitige Identifikation von Abweichungen und Anpassung
Werden im Rahmen der Umsetzung von Unternehmensstrategien Abweichungen identifiziert, so sollten rechtzeitig Anpassungen vorgenommen werden. Mitarbeiter werden ebenfalls in die Anpassung integriert, um eine hohe Akzeptanz sicherzustellen.
Die Abb. 8.5 zeigt die Lösungsansätze der Execution Trap auf.

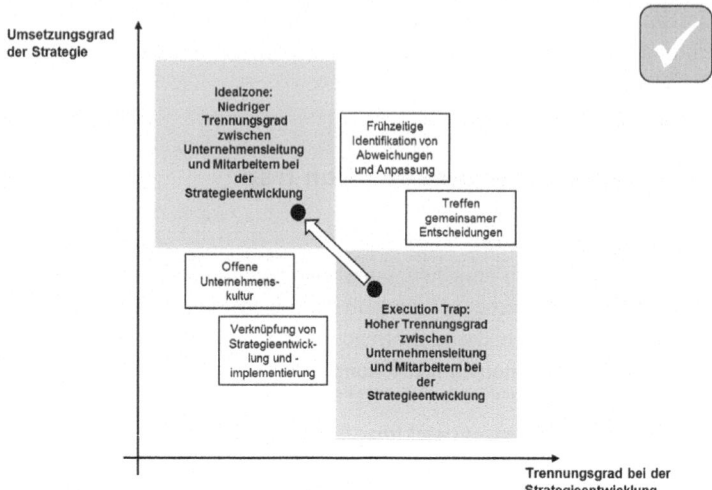

Abb. 8.5 Lösungsansätze zur Execution Trap

Experience Trap

9

Zusammenfassung

Ein Unternehmen befindet sich in der Experience Trap, wenn Manager ausschließlich aufgrund ihrer Erfahrung innerhalb von Projekten eingesetzt werden und diese Erfahrung zu Fehlentscheidungen führt. In diesem Fall sind die erarbeiteten Lösungen nicht geeignet, was sich dadurch begründet, dass sich Manager häufig auf ihre Erfahrungen berufen, die für die steigende Komplexität von Projekten nicht mehr ausreichen.

Erfahrung ist der Anfang aller Kunst und jedes Wissens.
Aristoteles (384−322), griech. Philosoph, „Begründer der abendländ". Philosophie

9.1 Beschreibung der Experience Trap

Die Experience Trap beschreibt das Phänomen, dass Unternehmen davon ausgehen, dass ein erfahrener Manager besser für Projekte geeignet ist, da er aus vergangenen Projekten gelernt hat. Grundsätzlich sind Erfahrungen wünschenswert und wertvoll. Diese Erfahrungen können aber im Rahmen von komplexen Projekten hinderlich sein, da ein Festhalten an Routinen, was meist aus Erfahrungen resultiert, zu ungewünschten Ergebnissen führen kann. Oftmals werden somit trotz Erfahrungen, Fehlentscheidungen getroffen. Zudem wird nicht angemessen auf unvorhergesehene Änderungen reagiert. Die Experience Trap kann also dann eintreten, wenn ein Manager aufgrund seiner Erfahrungen zum Projektleiter ernannt wird und wenn aufgrund von Fehlentscheidungen das Projekt scheitert (Sengupta et al., 2008, S. 96 f.; Abb. 9.1).

Die Experience Trap lässt sich auf den Lernzyklus eines Menschen zurückführen; müssen Entscheidungen getroffen werden, dann greift ein Mensch auf bereits

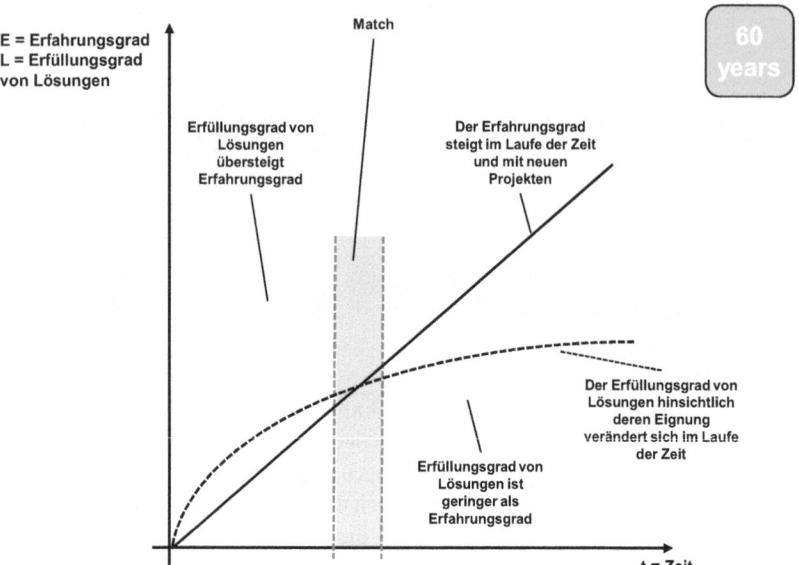

E = Erfahrungsgrad
L = Erfüllungsgrad
von Lösungen

Match

60 years

Erfüllungsgrad von Lösungen übersteigt Erfahrungsgrad

Der Erfahrungsgrad steigt im Laufe der Zeit und mit neuen Projekten

Der Erfüllungsgrad von Lösungen hinsichtlich deren Eignung verändert sich im Laufe der Zeit

Erfüllungsgrad von Lösungen ist geringer als Erfahrungsgrad

t = Zeit

Abb. 9.1 Experience Trap

gewonnene Erfahrungen zurück. Die gesammelten Erfahrungen werden als „mental model" bezeichnet, das aus Annahmen und Ursachen-Wirkung-Beziehungen besteht.

Der Lernzyklus ist der Prozess, den ein Mensch durchläuft, wenn er eine Erfahrung macht und eine Entscheidung trifft; die Wirkung der Entscheidung wird beobachtet und in ähnlichen Situationen werden dann Entscheidungen der Situation angepasst.

Die Problematik der Experience Trap entsteht, da ein Lernzyklus nur in einer einfachen Situation existiert; sobald komplexere Situationen auftreten, liegt kein Lernzyklus vor. Gewonnene Erfahrungen auf einfachen Projekten können dann nicht ohne weiteres auf komplexe Projekte übertragen werden (Sengupta et al., 2008, S. 97 ff.; Insead, 2014a und 2014b).

9.2 Beispiele zur Experience Trap

Berliner Flughafen (Beeger, 2014; RBB, 2014)

Am 01. Januar 1991 entstand die Idee für einen zentralen Berliner Flughafen, der die Flughäfen in Tegel, Tempelhof und Schönefeld ersetzen sollte. Zur Realisierung des Projekts wurde vom Bund und den Ländern Berlin und Brandenburg die Berlin Brandenburg Flughafen Holding gegründet.

Im Juni 1996 fiel die Entscheidung, den Flughafen Schönefeld auszubauen. Die Eröffnung wurde für 2007 geplant. Im Mai 2003 beschlossen der Bund und die Länder Berlin und Brandenburg, den Flughafen selbst zu bauen, da sich kein privater Investor und Betreiber finden konnte. Die Genehmigung für den Bau des Flughafens wurde am 13. August 2004 erteilt. Die Kapazität betrug ca. 20 Mio. Passagiere pro Jahr und das Bauvolumen 1,7 Mrd. €.

Am 05. September 2006 erfolgte der Baubeginn des Flughafens mit einer geplanten Eröffnung im Herbst 2011. Im Juli 2008 wurde das Bauvolumen auf 2,2 Mrd. € geschätzt; eine Verschiebung der Eröffnung lag zu diesem Zeitpunkt nicht vor.

Am 25. Juni 2010 wurde die Fertigstellung auf den 03. Juni 2012 verschoben. Als Grund wurde die Insolvenz eines Planungsunternehmens genannt. Im Mai 2012 erfolgte eine erneute Verschiebung der Eröffnung auf den 17. März 2013; Grund für die Verschiebung waren Probleme mit der Brandschutzanlage. Daraufhin wurden Technikchef Manfred Körtgen und das Generalplanungskonsortium „pg bbi" entlassen.

Im September 2012 wurde auf Vorschlag des neuen Technikchefs Horst Amann die Eröffnung auf den 27. Oktober 2013 verschoben. Das geschätzte Bauvolumen betrug zu diesem Zeitpunkt 4,3 Mrd. €. Im Dezember 2012 wurden weitere zahlreiche Baumängel festgestellt. Im Januar 2013 erfolgte eine weitere Verschiebung der Eröffnung; ein konkreter Termin wurde nicht bekannt gegeben. Brandenburgs Ministerpräsident Matthias Platzeck übernahm Berlins Oberbürgermeister Klaus Wowereit den Aufsichtsratsvorsitz der Holding; Rainer Schwarz musste als Geschäftsführer das Unternehmen verlassen.

Im März 2013 wurde Hartmut Mehdorn neuer Flughafenchef und am 23. Oktober 2013 wurde der technische Geschäftsführer Horst Amann entlassen. Am 04. Juni 2014 wurde sein Nachfolger, Jochen Großmann, ebenfalls entlassen. Am 13. Juni 2014 versprach Mehdorn, den nächsten Eröffnungstermin in jedem Fall einzuhalten. Am 30. Juni 2014 wurde das Bauvolumen auf 5,4 Mrd. € geschätzt. Im August 2014 wurde eine europaweite Ausschreibung für die zentrale Planung und Baukoordinierung am Flughafen gestoppt. Am 31. Mai 2014 rechnete Brandenburgs ehemaliger Ministerpräsident Manfred Stolpe mit einer Fertigstellung des Flughafens im Herbst 2015.

Abb. 9.2 Brach liegender Berliner Flughafen. (RBB, 2014)

Am 14. Oktober 2014 wurde die Terminankündigung abgesagt und eine Eröffnung vor Herbst 2016 galt als unwahrscheinlich. Am 23. November 2014 wurde bekannt, dass der Flughafen frühestens Mitte 2017, möglicherweise aber erst 2018 eröffnet werden kann. Am 12. Dezember 2014 gab der Staatssekretär und Vize-Aufsichtsratschef Rainer Bretschneider bekannt, dass der Flughafen 2017 eröffnet werden soll. Am 15. Dezember 2014 kündigte Hartmut Mehdorn seinen Rücktritt bis spätestens Juni 2015 an. Die Abb. 9.2 zeigt die Baustelle des Berliner Flughafens.

9.3 Auslöser und Folgen der Experience Trap

Die Auslöser der Experience Trap lassen sich in drei Kategorien unterteilen. Zum einen liegt eine Verzögerung zwischen Ursache und Wirkung vor, was dazu führt, dass nur schwer ein Zusammenhang erkennbar ist. Je größer die Verzögerung, desto größer sind die Probleme, die Manager haben, um mit einer Situation umgehen zu können.

Selbst wenn sie eine ähnliche Situation schon einmal erlebt haben, ist es schwer, aus dieser gemachten Erfahrung zu lernen. Ein Beispiel hierfür ist die Bestimmung der idealen Teamgröße: wenn ein Manager bemerkt, dass sein Team aus zu wenigen Mitarbeitern besteht und daraufhin neue Mitarbeiter einstellt, dauert es eine gewisse Zeit, bis sein Team wieder die volle Produktivität entwickelt. Bis diese

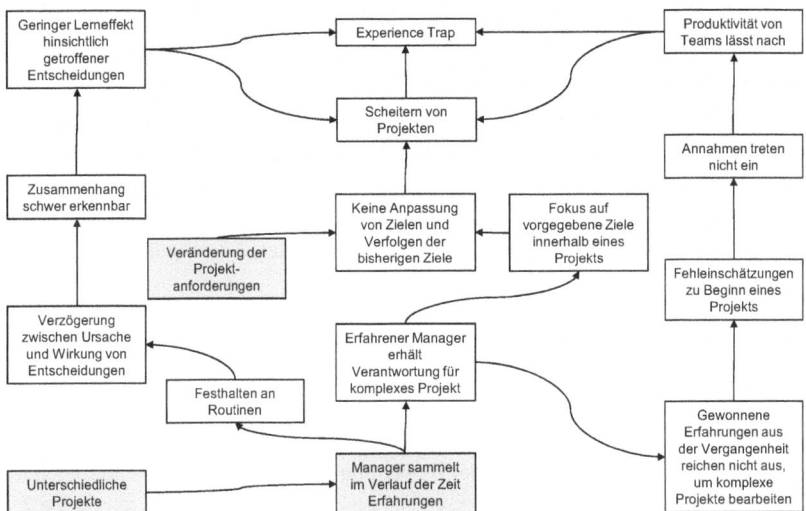

Abb. 9.3 Auslöser und Folgen der Experience Trap

Produktivität erreicht ist, sind allerdings weitere Entscheidungen getroffen worden, sodass die Zuordnung der Auswirkung des Mitarbeiteraufbaus dem Manager schwer fällt.

Ein weiterer Punkt ist, dass sich Manager zu sehr auf ihre zu Beginn des Projekts vorgegebenen Ziele fokussieren. Diese Ziele orientieren sich z. B. an der Zeit und an den Kosten. Da sich Projektanforderungen allerdings oft ändern, oder Manager mit unerwarteten Problemen konfrontiert werden, müssen diese Projektziele je nach Bedarf angepasst werden. Viele Unternehmen interpretieren das Ändern von Zielen, aber als Versagen und Manager haben schnell gelernt, dass es besser ist, sich nur auf die vorgegebenen Ziele zu konzentrieren, anstatt diese zu ändern. Aus diesem Grund versuchen sie unter allen Umständen, die ursprünglich vorgegebenen Ziele zu verfolgen, anstatt sie zu ändern, obwohl das Projekt dadurch scheitern kann.

Der dritte Punkt ist, dass Manager zu Beginn des Projekts, falsche Einschätzungen machen können. Diese falschen Einschätzungen beinhalten z. B. die Teamgröße, was einen Einfluss auf die Produktivität eines des Teams hat. Anfänglich gemachte Einschätzungen treffen also oft nicht zu (in Anlehnung an: Sengupta et al., 2008, S. 96 ff.). Die Abb. 9.3 stellt die Auslöser und Folgen der Experience Trap dar.

9.4   Indikatoren der Experience Trap

Die Experience Trap weist Indikatoren auf, die zur Erkennung der Trap dienen. Die Indikatoren lassen sich dem Geschäftsmodell (Wertschöpfungsdimension) zuordnen (Abb. 9.4). Sie werden mit: „trifft gar nicht zu", „trifft teilweise zu" und „trifft vollkommen zu" bewertet. Tabelle 9.1 enthält exemplarische Indikatoren (in Anlehnung an: Sengupta et al., 2008, S. 96). Die oben aufgeführten Indikatoren werden mit ihren Ausprägungen wie folgt bewertet:

- trifft gar nicht zu: 1 Punkt
- trifft teilweise zu: 2 Punkte
- trifft vollkommen zu: 3 Punkte.

Auf Basis der Zusammenfassung der Bewertung lassen sich anschließend folgende Einschätzungen vornehmen:

- 10 Punkte: Es besteht keine Gefahr, in die Trap zu geraten.
- 11–20 Punkte: Es besteht eine mittlere Gefahr, in die Trap zu geraten. Präventive Maßnahmen zum Vermeiden der Trap sind einzuleiten.
- 21–30 Punkte: Es besteht hohe Gefahr, da sich das Unternehmen bereits in der Trap befindet. Maßnahmen zum Entkommen aus der Trap sind einzuleiten.

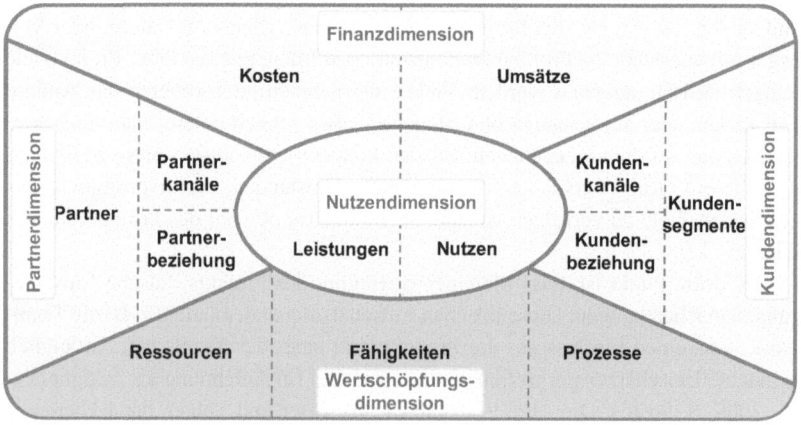

Abb. 9.4 Zuordnung der Experience Trap

Tab. 9.1 Indikatoren der Experience Trap

Geschäftsmodellindikatoren (Wertschöpfungsdimension)	Trifft gar nicht zu	Trifft teilw. zu	Trifft vollk. zu
1. Es werden häufig identische Fehler innerhalb von Projekten begangen	O	O	O
2. Neue Lösungen orientieren sich an bereits etablierten Lösungen	O	O	O
3. Die Bedeutung von Erfahrungen bei der Auswahl von Projektleitern ist wichtiger, als die Eignung von Projektleitern	O	O	O
4. Die Projektleiter bzw. die Unternehmensleitung wissen wie eine Theorie funktioniert, können dies aber nicht in die Praxis umsetzen	O	O	O
5. Die Projektleiter bzw. die Unternehmensleitung legen eine niedrige Produktivität eines Projektes fest, als dies in der Realität vorliegt	O	O	O
6. Die Projektleiter bzw. die Unternehmensleitung halten an anfänglichen Zielen fest, auch wenn diese durch eventuelle Änderungen der Projektgegebenheiten oder des Projektumfangs nicht mehr realistisch sind	O	O	O
7. Die Projektleiter bzw. die Unternehmensleitung machen andere Faktoren (z. B. überambitionierte Planung) als die eigene mangelnde Erfahrung für den Misserfolg von Projekten verantwortlich	O	O	O
8. Die Leistungsziele sind wichtiger als Verhaltensziele	O	O	O
9. Es liegen keine Projektsimulationen vor, in denen sich Projektleiter bzw. Manager ausprobieren können	O	O	O
10. Die Projektleiter bzw. die Unternehmensleitung treffen Fehleinschätzungen zu Beginn eines Projekts	O	O	O

Die Auflistung der Indikatoren ist exemplarisch und kann bei Bedarf angepasst werden. In diesem Fall müssen die Punktekorridore mit den Einschätzungen angepasst werden.

9.5   Lösungsansätze zur Experience Trap

Nachfolgend sind einige Lösungsansätze zur Experience Trap aufgeführt (in Anlehnung an: Sengupta et al., 2008, S. 96 ff.).

Einsatz geeigneter Kriterien für die Auswahl von Projektleitern
Die Kriterien für die Auswahl von Projektleitern sollen neben der Erfahrung auch
fachliche, methodische und soziale Kompetenzen berücksichtigen. Diese Kriterien
werden mit den Anforderungen des jeweiligen Projekts abgeglichen, um einen geeigneten Projektleiter zu definieren.

Entwicklung einer Projekt-„Flugsimulation"
Ein Unternehmen kann ein künstliches Umfeld zu schaffen, indem Manager lernen
können, mit komplexen Situationen umzugehen. Dieses künstliche Umfeld kann
ähnlich wie eine Flugsimulation gestaltet werden: ein Programm, dass Manager
schrittweise an eine komplexe Umgebung heranführt.
  Gestartet wird in einem relativ einfachen Umfeld. Verbessern sich die Manager,
d. h. haben sie dazu gelernt und Verhalten sich der Situation angemessen, dann
steigert das Programm stufenweise den Komplexitätsgrad.

Bereitstellung von kognitivem Feedback
Die Manager erhalten mittels Status Reports ausreichend Informationen und Feedback über den aktuellen Stand bzw. das Ergebnis eines Projekts; in einem komplexen Umfeld, in dem Ursache-Wirkungs-Beziehungen nicht eindeutig sind, ist diese
Form des Ergebnisfeedbacks häufig kein erfolgreicher Mechanismus, um Probleme zu lokalisieren oder Ursachen für ein bestimmtes Problem zu identifizieren.
Manager sollten sich allerdings Feedback geben lassen, das die Beziehungen der
wichtigen Variablen im Projektumfeld beinhaltet (= kognitives Feedback).
  Mittels des kognitiven Feedbacks können bessere Ergebnisse erzielt und Daten
von verschiedenen Projekten kombiniert werden. Dies ermöglicht eine Untersu-
chung der Auswirkung der Maßnahmen über mehrere Projekte hinweg.

Einsetzen von modelbasierten Entscheidungstools und Richtlinien
Es ist nahezu unmöglich für Manager, die dynamischen Aspekte von Projekten
angemessen zu dokumentieren und zu beurteilen. Wenn eine Entscheidung bevor-
steht, benötigen Manager die Unterstützung von Tools, die eine Kombination von
formalen Modellen und Heuristik sicherstellen.

Hat ein Manager Zugriff auf Tools, die den Effekt von Neuzugängen und Fluktuation an Mitarbeitern für einige Perioden kalkulieren können, so erhält er ein Bild über die erwarteten Auswirkungen auf die Teamproduktivität.

Abgleichen der toolbasierten Prognosen mit dem Projekt
Viele Unternehmen benutzen für neue Projekte oft prognostizierenden Tools, die sie schon in früheren Projekten verwendet haben. Dies kann aber zu einem Problem werden, da die Schätzungen dann oft fehlerhaft sind. Fehlt die Überzeugung, dass eine Schätzung zutrifft, beginnen Manager damit, ihren eigenen Erkenntnissen zu vertrauen und fallen dann häufig zurück in alte Muster: Sie wenden Regeln an, die in einer einfachen Umgebung funktionieren, die aber für ein komplexes Umfeld ungeeignet sind.

Um dies zu verhindern, sollten Unternehmen darauf achten, dass die Tools, die Projektschätzungen erstellen sollen, mit dem Inhalt des Projekts abgestimmt sind. Das bedeutet, dass sich die Projektschätzungen an der Industrie, an dem lokalen Umfeld und den Fähigkeiten der Mitarbeiter orientieren. Zudem sollte das Unternehmen darauf achten, dass die Manager Vertrauen in die Prognosen haben und nur Daten benutzen, die vorher validiert wurden. In Abb. 9.5 sind die Lösungsansätze der Experience Trap aufgeführt.

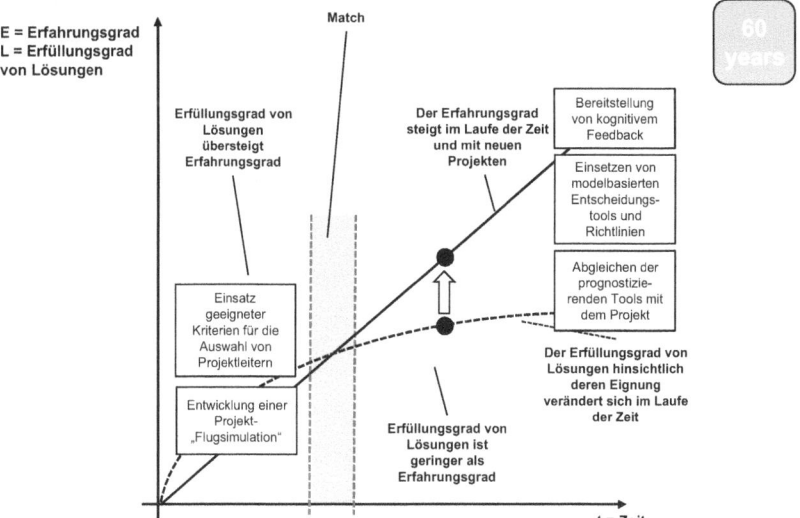

Abb. 9.5 Lösungsansätze zur Experience Trap

Improvement Trap

10

Nicht mit Erfindungen, sondern mit Verbesserungen
macht man Vermögen
Henry Ford

Zusammenfassung

Ein Unternehmen befindet sich in der Improvement Trap, wenn sich innerhalb einer Industrie viele Unternehmen gleichzeitig verbessern, um erfolgreicher am Markt zu agieren. Die Folge ist, dass das Gesamtniveau innerhalb der Industrie zunimmt und die Verbesserung eines einzelnen Unternehmens an Relevanz verliert. Die Leistungsverbesserung (erwartet bzw. tatsächlich) wird anhand der operativen Leistung in finanziellen Größen (z. B. Umsatz, EBIT) oder nicht-finanziellen Größen (z. B. Anzahl an Kunden) gemessen.

10.1 Beschreibung der Improvement Trap

Viele Unternehmen versuchen häufig, sich in unterschiedlichen Bereichen (z. B. Prozesse, Qualität, Marketing) zu verbessern, um erfolgreicher am Markt zu agieren. Meist verläuft die tatsächliche Verbesserung jedoch durchschnittlich, da Wettbewerber einer Industrie sich ebenso verbessern. Dies ist darin begründet, dass ähnliche Instrumente vorliegen (z. B. Six Sigma), die von den meisten Unternehmen eingesetzt werden. Zudem werden in vielen Fällen nur vereinzelte Unternehmensbereiche mit Verbesserungen beauftragt. Da sich also viele Unternehmen „gleichzeitig" verbessern, verliert die Verbesserung eines einzelnen Unternehmens an Relevanz, da das Gesamtniveau innerhalb einer Industrie angehoben wird (Sinocchi, M., 2010, Bremer und McKibben 2011, S. 3; Abb. 10.1).

© Springer Fachmedien Wiesbaden 2016   77
D. R. A. Schallmo, L. Brecht, *Mind the Trap – 11 typische Unternehmensfallen,*
DOI 10.1007/978-3-658-09565-9_10

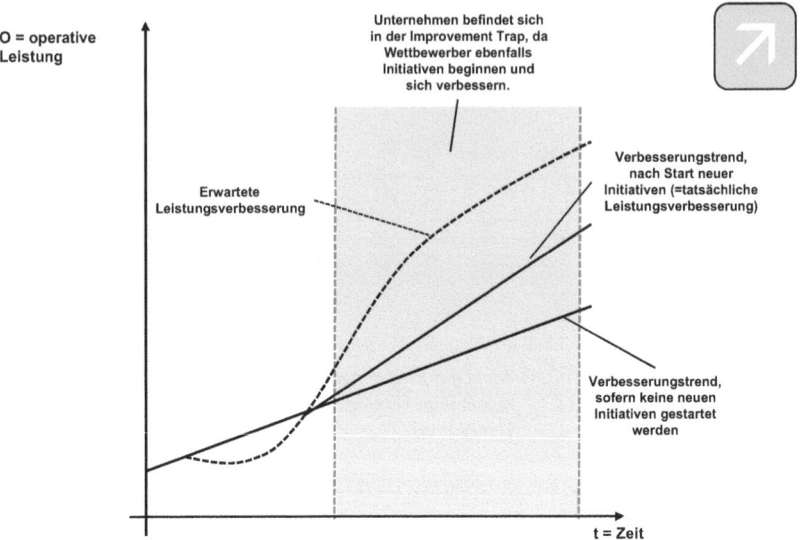

Abb. 10.1 Improvement Trap (in Anlehnung an: Bremer und McKibben, 2011, S. 2)

Um die Verbesserungsreife von Unternehmen zu messen, liegen folgende fünf Stufen vor (Bremer und McKibben 2011, S. 4 f.):

Level 1: Diese Unternehmen haben Schwierigkeiten, Leistungsverbesserungsinitiativen zu starten, da seitens der Geschäftsleitung und der Mitarbeiter keine Bereitschaft vorliegt.

Level 2: Diese Unternehmen bedienen sich einer Verbesserungsmethodik oder eines Tool-Sets. Sie initiieren Verbesserungen und informieren ihre Mitarbeiter hinsichtlich der Ergebnisse.

Level 3: Diese Unternehmen haben eine hohe Kenntnis hinsichtlich ihrer Verbesserungstools und es werden Schulungs- oder Projektleiter eingesetzt, die diese Tools beherrschen. Diese Unternehmen haben bereits Verbesserungen durchgeführt. Da die Schulungs- oder Projektleiter die Leitung für Verbesserungsmaßnahmen haben, und nicht die Führungsebene des Unternehmens, arbeiten die betroffenen Unternehmen stark intern orientiert. Dies stellt einen Nachteil dar, da trotz zahlreicher Verbesserungsmöglichkeiten nur wenige Verbesserungen vorliegen, die es dem Unternehmen erlauben, sich von den Wettbewerbern zu differenzieren.

Level 4: Diese Unternehmen haben begonnen, sich zu transformieren und besitzen gute Kenntnisse über die Verbesserungstools. Im Gegensatz zu Unternehmen aus Level 3, fokussieren sich die Unternehmen des Level 4 auf die Umsetzung von Verbesserungsmaßnahmen und achten darauf, mit ihren Produkten und Dienstleistungen einen höheren Kundennutzen zu erzielen.

Level 5: Diese Unternehmen verfügen über eine Verbesserungskultur und gehören zu den besten 5 % einer Industrie. Sie suchen gezielt nach Verbesserungspotenzialen und weisen ein hohes Engagement auf. Zudem liegt eine hohe Prozess- und Ergebnisorientierung vor. Das Ziel ist es, den perfekten Prozess zu erschaffen, d. h. die Kundenansprüche zu erfüllen, ohne Ressourcen zu verschwenden.

10.2 Beispiele zur Improvement Trap

Toyota (Toyota, 2014)

Ein bekanntes Beispiel für die Implementierung von Verbesserungsmaßnahmen in Unternehmen ist Toyota und insbesondere das Produktionssystem von Toyota. Hierbei liegt die Vermeidung von Verschwendung im Fokus. Die Just-in-time-Lieferung und das Prinzip, dass Qualität innerhalb eines Prozesses entsteht, sind dabei Instrumente, um Ressourcen zu schonen. Die Gründe für die Entstehung dieses Produktionssystems war die Knappheit von Rohstoffen in Japan und die Streichung wirtschaftlicher Hilfen Japans seitens der USA. Die japanischen Unternehmen mussten somit aus eigener Kraft die Automobilproduktion aufbauen. So wurde mit Ressourcen sparsam umgegangen, Verschwendung vermieden und mit organisatorischen Mitteln versucht, Prozesse zu verbessern und somit Qualität zu steigern.

Das Ergebnis war, dass Toyota mit diesem Produktionssystem Vorreiter wurde und schneller, besser und günstiger als die Wettbewerber liefern konnte. Die Abb. 10.2 zeigt Eiji Toyoda im Jahr 1985 vor der Produktionslinie des Chevrolet Nova, die er in Kooperation mit General Motors aufgebaut hat.

Abb. 10.2 Eiji Toyoda vor einer Produktionslinie (CBC, 2015)

10.3   Auslöser und Folgen der Improvement Trap

Auslöser für die Improvement Trap sind zunächst die mangelnde Zeit, die nicht vorhandene Einsicht, das geringe Budget und das nicht vorhandene Know-how, um innerhalb des eigenen Unternehmens Verbesserungsmaßnahmen zu initiieren. Gleichzeitig liegen innerhalb der Industrie ein hoher Kostendruck und eine Ressourcenknappheit vor. Dies erhöht den Bedarf an Verbesserungsmaßnahmen (Bremer und McKibben 2011, S. 3 ff.). In Abb. 10.3 sind die Auslöser und Folgen der Improvement Trap aufgezeigt.

Dieser Bedarf führt dazu, dass Verbesserungsmaßnahmen seitens eines Unternehmens initiiert werden, die von Wettbewerbern ebenfalls eingeleitet werden, um mitzuziehen. Die eingeleiteten Maßnahmen werden wirksam, ebenso werden innerhalb einer Industrie ähnliche Instrumente und Ergebnisse erzielt. Somit liegt eine Angleichung hinsichtlich der Verbesserungsergebnisse vor, sodass das Gesamtniveau insgesamt ansteigt. Die Folge ist, dass eine Differenzierung mittels Verbesserungsmaßnahmen nicht möglich ist.

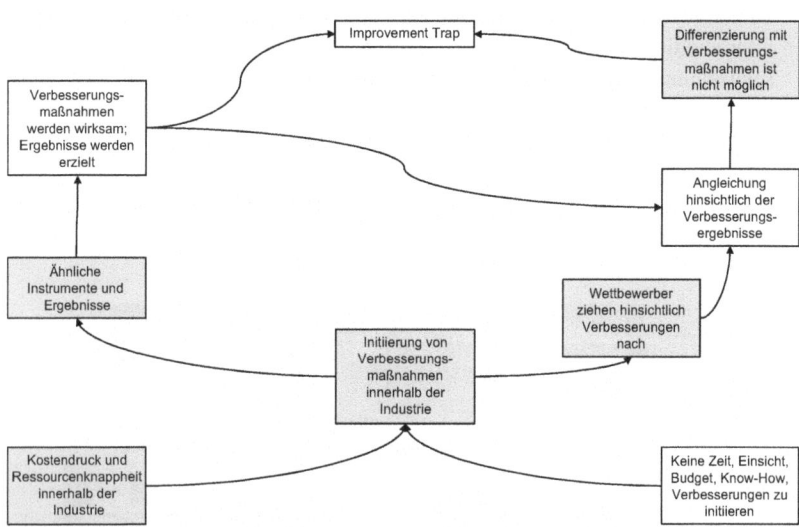

Abb. 10.3 Auslöser und Folgen der Improvement Trap

10.4 Indikatoren der Improvement Trap

Die Improvement Trap weist Indikatoren auf, die zur Erkennung der Trap dienen. Die Indikatoren lassen sich dem Markt und dem Geschäftsmodell (Nutzen- und Wertschöpfungsdimension) zuordnen (Abb. 10.4). Sie werden mit: „trifft gar nicht zu", „trifft teilweise zu" und „trifft vollkommen zu" bewertet. Tabelle 10.1 enthält exemplarische Indikatoren (in Anlehnung an: Bremer und McKibben 2011, S. 3 ff.).

Die oben aufgeführten Indikatoren werden mit ihren Ausprägungen wie folgt bewertet:

- trifft gar nicht zu: 1 Punkt
- trifft teilweise zu: 2 Punkte
- trifft vollkommen zu: 3 Punkte.

Auf Basis der Zusammenfassung der Bewertung lassen sich anschließend folgende Einschätzungen vornehmen:

- 15 Punkte: Es besteht keine Gefahr, in die Trap zu geraten.
- 16–30 Punkte: Es besteht eine mittlere Gefahr, in die Trap zu geraten. Präventive Maßnahmen zum Vermeiden der Trap sind einzuleiten.
- 31–45 Punkte: Es besteht hohe Gefahr, da sich das Unternehmen bereits in der Trap befindet. Maßnahmen zum Entkommen aus der Trap sind einzuleiten.

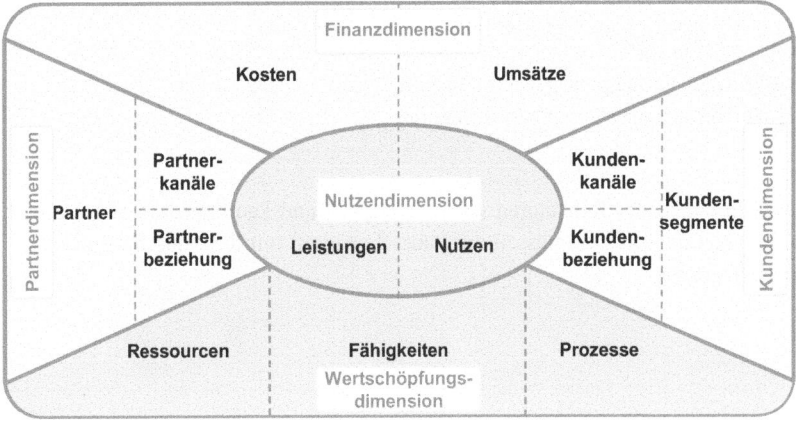

Abb. 10.4 Zuordnung der Improvement Trap

Tab. 10.1 Indikatoren der Improvement Trap

	Trifft gar nicht zu	Trifft teilw. zu	Trifft vollk. zu
Marktindikatoren			
1. Es liegt ein Kostendruck innerhalb der Industrie vor	O	O	O
2. Es liegt eine Ressourcenknappheit innerhalb der Industrie vor	O	O	O
3. Es werden Verbesserungsmaßnahmen innerhalb der Industrie initiiert	O	O	O
4. Es werden ähnliche Instrumente für Verbesserungsmaßnahmen eingesetzt	O	O	O
5. Mit Verbesserungsmaßnahmen werden ähnliche Ergebnisse erzielt	O	O	O
Geschäftsmodellindikatoren (Nutzendimension)			
6. Mit Produkten und Dienstleistungen wird keine neue Form des Nutzens gestiftet	O	O	O
7. Die Kunden sehen Produkte und Dienstleistungen als austauschbar an	O	O	O
Geschäftsmodellindikatoren (Wertschöpfungsdimension)			
8. Ein Know-how zur Implementierung von Verbesserungen liegt nicht vor	O	O	O
9. Eigene Ideen für Verbesserungen liegen nicht vor	O	O	O
10. Die Fähigkeit zur Verbesserung ist geringer, als die des stärksten Wettbewerbers	O	O	O
11. Die Verbesserungsinstrumente sind bekannt, werden aber nicht gelebt	O	O	O
12. Für Verbesserungen liegen keine definierten Verantwortlichkeiten innerhalb des Unternehmens vor	O	O	O
13. Für Verbesserungen liegt innerhalb des Unternehmens keine Einsicht vor	O	O	O
14. Für Verbesserungen liegt nicht ausreichend Zeit vor	O	O	O
15. Für Verbesserungen liegt kein Budget vor	O	O	O

Die Auflistung der Indikatoren ist exemplarisch und kann bei Bedarf angepasst werden. In diesem Fall müssen die Punktekorridore mit den Einschätzungen angepasst werden.

10.5 Lösungsansätze zur Improvement Trap

Um der Improvement Trap zu entkommen, liegen fünf Lösungsansätze vor (in Anlehnung an: Bremer und McKibben 2011, S. 6 f.).

Bereitstellung eines Budgets
Für Verbesserungsprojekte soll ein Budget bereitgestellt werden. Ferner sollten Verantwortlichkeiten und Zeitbudgets bereitgestellt werden, um Verbesserungsprojekte zu etablieren.

Engagement der Mitarbeiter
Die Unternehmensleitung sollte ein Unternehmensumfeld erschaffen, das das Engagement der Mitarbeiter fördert. Mitarbeiter sollen somit geeignete Arbeit leisten, gemeinsam Lösungen entwickeln und diese umsetzen.

Fokussierung auf Kennzahlen
Die Fokussierung auf wichtige Kennzahlen dient dazu, das Unternehmensumfeld und Prozesse zu bewerten und irrelevanten Informationen eine geringere Beachtung zu schenken. Kennzahlen ermöglichen es, visuell und zeitnah ein Feedback an alle Mitarbeiter eines Unternehmens zu geben.

Etablierung des Prozessdenkens
Maßnahmen innerhalb von Prozessverbesserungen führen zur Verbesserung der Ergebnisse und unterstützen das Verständnis von Prozessen.

Einstellung der Unternehmensleitung
Die Einstellung der Unternehmensleitung dient als Vorbildfunktion und somit der Umsetzung der oben aufgeführten Lösungsansätze.

Mittels dieser Lösungsansätze sollen Verbesserungen innerhalb des Unternehmens etabliert werden, um schneller und günstiger als die Wettbewerber zu sein. Bereiche in denen Schwächen vorliegen, sollen gestärkt und Bereiche, in denen Stärken vorliegen, sollen weiter ausgebaut werden. Die Lösungsansätze sind in Abb. 10.5 aufgezeigt.

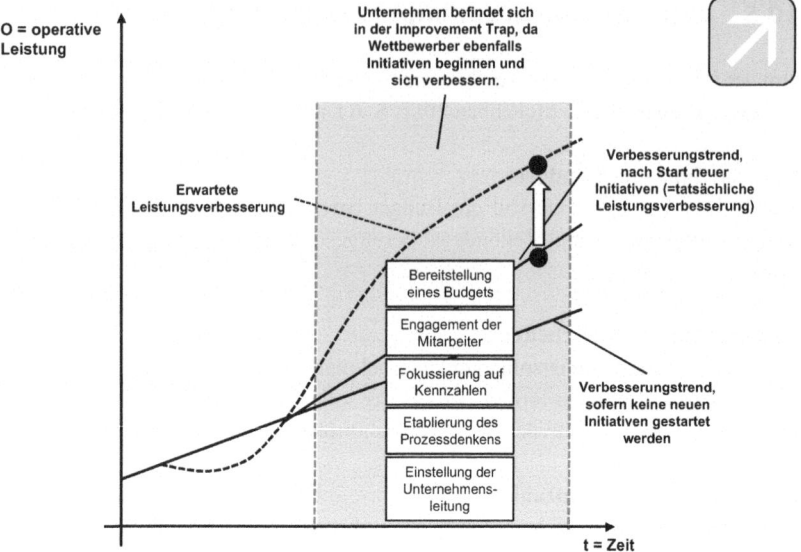

Abb. 10.5 Lösungsansätze der Improvement Trap

Innovation Trap

11

Zusammenfassung

Ein Unternehmen befindet sich in der Innovation Trap, wenn es aufgrund vergangener Erfolge, die mit Innovationen erzielt wurden, keine weiteren oder wenige Innovationen verfolgt. Sobald die Wettbewerber des Unternehmens Initiativen zu Innovationen beginnen und erfolgreich am Markt zu agieren, befindet sich das Unternehmen in der Innovationsfalle.

Wenn du tust, was du immer getan hast, wirst du bekommen, was du immer bekommen hast!
Abraham Lincoln

11.1 Beschreibung der Innovation Trap

Unternehmen, die in der Vergangenheit innovativ waren, nehmen häufig ihren Erfolg zum Anlass, weder inkrementelle, noch radikale Innovationen zu verfolgen. Die Wettbewerber dieser Unternehmen haben somit die Möglichkeit, innovative Produkte und Dienstleistungen auf dem Markt einzuführen und ebenfalls erfolgreich zu werden. Zudem verfolgen Unternehmen häufig Innovationen, die den Markt signifikant verändern und von denen sie außerordentliche Erfolge erwarten. Es liegen allerdings nur wenige derartige Innovationen vor. Zudem werden häufig Innovationen verfolgt, die in direktem Zusammenhang mit einem Produkt stehen. Neben Produktinnovation liegen allerdings auch Dienstleistungs-, Prozess- und Geschäftsmodell-Innovationen vor (Kanter, 2006, S. 73 f.; Barske, 2009, S. 1 f.; Dinger, 2004, S. 13 f.; Abb. 11.1).

© Springer Fachmedien Wiesbaden 2016
D. R. A. Schallmo, L. Brecht, *Mind the Trap – 11 typische Unternehmensfallen*,
DOI 10.1007/978-3-658-09565-9_11

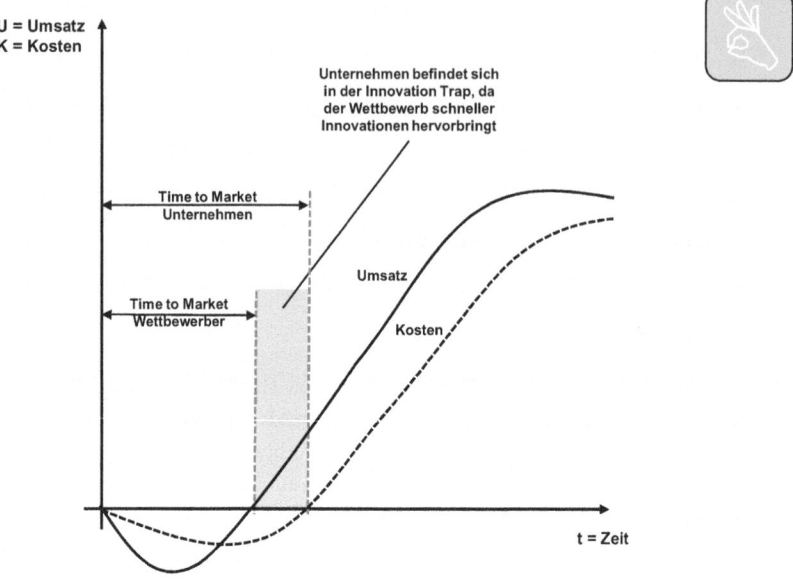

Abb. 11.1 Innovation Trap

11.2 Beispiele zur Innovation Trap

Media Markt (Meyer, 2012)

Media Markt ist ein Beispiel für ein Unternehmen, das in die Innovation Trap geraten ist. Der Elektronik Discounter galt in der Vergangenheit als innovativ, was die Werbung, Angebote und die Organisation angeht. Allerdings hatte es Media Markt jahrelang versäumt, rechtzeitig in das Online-Geschäft einzusteigen.

In der Vergangenheit waren Preisvergleiche im Internet aufwändiger, da hierzu ein Internetzugang und ein Computer notwendig waren. Die Möglichkeit, mittels Smartphones orts- und zeitunabhängig Angebote zu vergleichen und Bestellungen zu tätigen, wurde von Media Markt unterschätzt. Genau die preissensiblen Kunden, die Media Markt anspricht, nutzen diese Möglichkeit des Angebotsvergleichs.

Als Konsequenz auf diese Entwicklung hat Media Markt vor einigen Jahren einen Onlineshop eröffnet, um Kunden die Möglichkeit zu geben, Produkte auch über das Internet zu erwerben. Im Gegensatz zu vorherigen Innovationen in den oben genannten Bereichen, ist dies nicht innovativ, sondern wird seitens der Kunden erwartet.

Amazon ist seit über 20 Jahren mit einem Online-Shop präsent und wertet das Kaufverhalten von Kunden aus, erstellt personalisierte Angebote und nutzt die personalisierte Ansprache, um zu Kunden eine starke Beziehung aufzubauen. Gepaart mit Apps, die eine Standorterkennung, Barcode-Scannen, Kundenbewertung, Ein-Klick-Einkaufsmöglichkeit, Anbindungen zu sozialen Netzwerken bieten, fokussiert sich Media Markt auf den Verkauf von Massenware und stellt mit seiner App lediglich einen digitalen Katalog bereit.

Die Ursache für diese Situation ist kurzfristiges Innovationsdenken auf Kosten langfristiger Erfolge. Dabei wird das Unternehmen nach außen hin als Innovationsführer dargestellt. In der Realität bringt das Unternehmen allerdings lediglich inkrementelle Innovationen hervor. Abbildung 11.2 zeigt den Online-Shop von Media Markt auf.

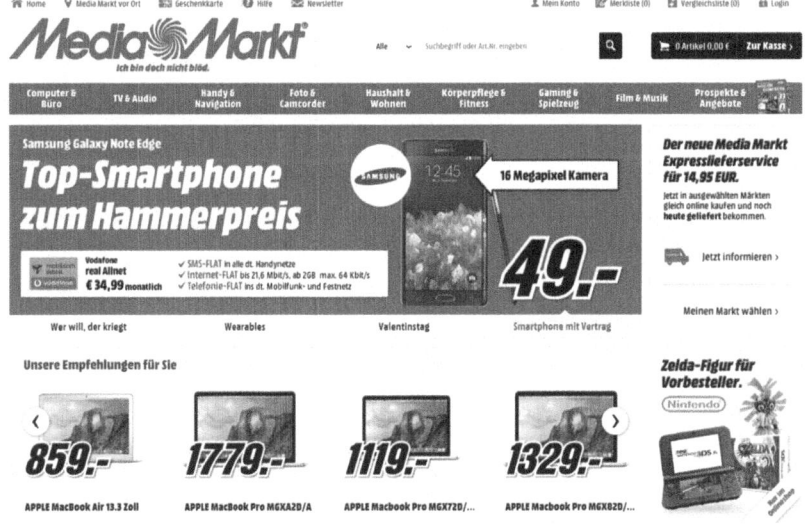

Abb. 11.2 Online-Shop von Media Markt. (Media Markt, 2015)

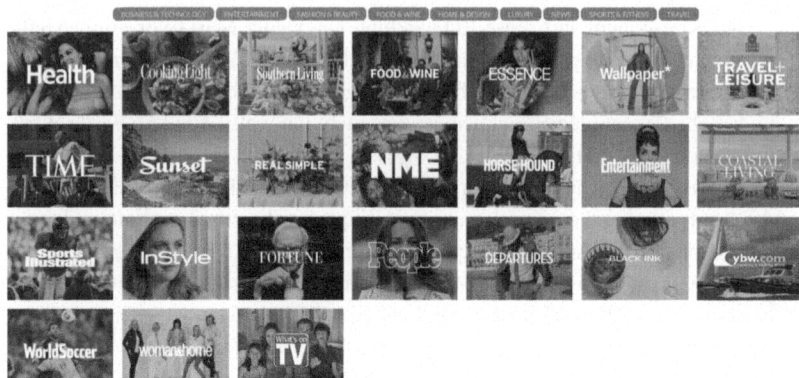

Abb. 11.3 Magazine von Time Incorporated. (Time Incorporated, 2015)

Time Incorporated (Kanter, 2006, S. 75)

Ein positives Beispiel ist Time Incorporated, ein Tochterunternehmen von Time Warner, das für die Herausgabe von Magazinen verantwortlich ist. Bis zum Jahr 1992 hat das Unternehmen jährlich nur sehr wenige neue Magazine auf den Markt gebracht. Mit Don Logan folgte die Veränderung der Unternehmenskultur, was zu einer Veröffentlichung bzw. zum Aufkauf von rund 100 neuen Magazinen führte. Das Portfolio von Times Incorporated ist auszugsweise in Abb. 11.3 dargestellt. Diese Veränderung erhöhte die Gewinne des Unternehmens. Zwar waren nicht alle Magazine erfolgreich, doch die Mehrheit konnte steigende Verkaufszahlen verzeichnen. Entscheidend für den Erfolg von Time Incorporated war und ist, dass nicht wenige große Ideen, sondern viele kleine Ideen umgesetzt wurden und werden.

11.3   Auslöser und Folgen der Innovation Trap

Auslöser für die Innovation Trap ist der Innovationserfolg eines Unternehmens, der in der Vergangenheit erzielt wurde. Die Folge ist meist die Suche nach einer weiteren bahnbrechenden Innovation. Somit werden weder radikale, noch inkrementelle Innovationen entwickelt oder umgesetzt. Hinzu kommt, dass durch Budgetrestriktionen Innovationen vermieden werden, da Innovationsprozesse unsicher sind und teilweise zusätzliche finanzielle Mittel erfordern. Innovationsabteilungen

werden analog den anderen Abteilungen eines Unternehmens behandelt, was dazu
führt, dass Innovationsmanager interne Hürden überwinden und sich um zusätzliche Finanzierungsmöglichkeiten kümmern müssen.

Eine zu enge organisatorische Einbindung von Innovationsabteilungen kann
ebenfalls hinderlich für Neuerungen sein. Innovationsabteilungen sollen eine in-
terdisziplinäre Zusammenarbeit ermöglichen, um Neuerungen zu ermöglichen.

Innovationen werden häufig in technischen Bereichen erreicht, was zur Folge
hat, dass sehr technisch orientierte Mitarbeiter zum Leiter eines Innovationsteams
ernannt werden. Neben technischen Kompetenzen müssen allerdings auch soziale
Kompetenzen, wie das Managen und Motivieren von Teams, die Kommunikation
und die Überzeugung der Unternehmensleitung hinsichtlich neuer Ideen, berücksichtigt werden.

Innovationen werden als Erfolgsfaktor für ein Unternehmenswachstum definiert. Oftmals werden aber innerhalb aufeinander folgender Innovationszyklen,
ähnliche Fehler begangen. So müssen einerseits laufende Erträge geschützt werden
und andererseits riskante Konzepte, die in Zukunft unentbehrlich für den Unter-
nehmenserfolg sein werden, vorangetrieben werden (in Anlehnung an: Barske,
2009, S. 2 ff.; Kanter, 2006, S. 74 ff.). Die Auslöser und Folgen der Innovation
Trap sind in Abb. 11.4 dargestellt.

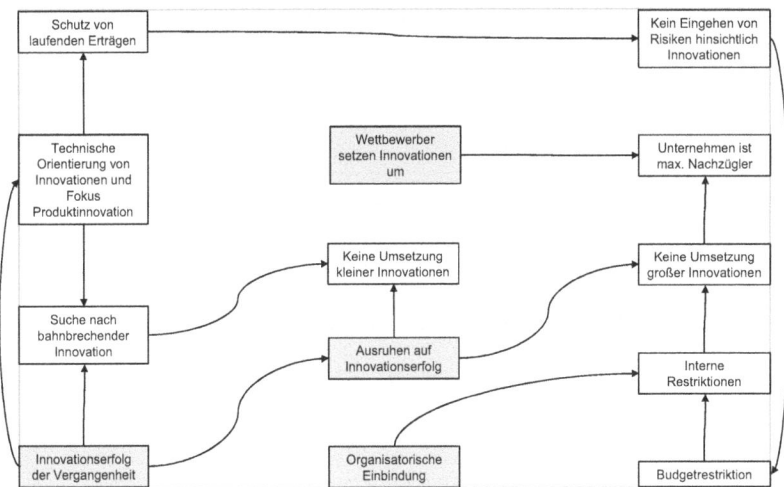

Abb. 11.4 Auslöser und Folgen der Innovation Trap

11.4   Indikatoren der Innovation Trap

Die Innovation Trap weist Indikatoren auf, die zur Erkennung der Trap dienen. Die Indikatoren lassen sich dem Markt und dem Geschäftsmodell (Wertschöpfungsdimension) zuordnen (Abb. 11.5). Sie werden mit: „trifft gar nicht zu", „trifft teilweise zu" und „trifft vollkommen zu" bewertet. Tabelle 11.1 enthält exemplarische Indikatoren (in Anlehnung an: Barske, 2009, S. 2 ff.; Kanter, 2006, S. 74 ff.). Die oben aufgeführten Indikatoren werden mit ihren Ausprägungen wie folgt bewertet:

- trifft gar nicht zu: 1 Punkt
- trifft teilweise zu: 2 Punkte
- trifft vollkommen zu: 3 Punkte.

Auf Basis der Zusammenfassung der Bewertung lassen sich anschließend folgende Einschätzungen vornehmen:

- 15 Punkte: Es besteht keine Gefahr, in die Trap zu geraten.
- 16–30 Punkte: Es besteht eine mittlere Gefahr, in die Trap zu geraten. Präventive Maßnahmen zum Vermeiden der Trap sind einzuleiten.
- 31–45 Punkte: Es besteht hohe Gefahr, da sich das Unternehmen bereits in der Trap befindet. Maßnahmen zum Entkommen aus der Trap sind einzuleiten.

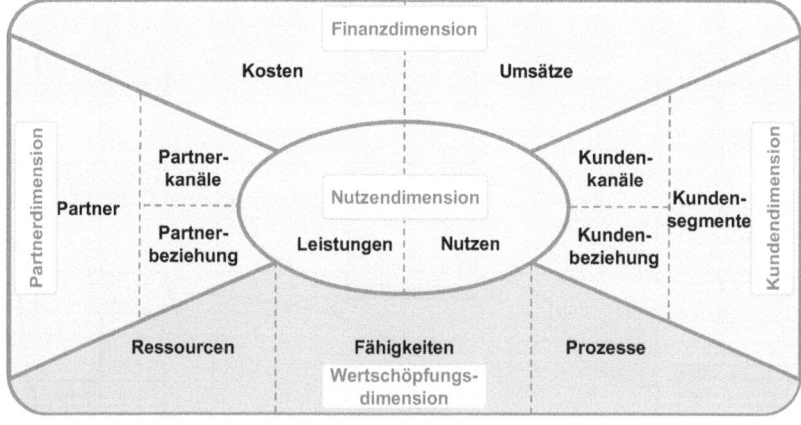

Abb. 11.5 Zuordnung der Innovation Trap

Tab. 11.1 Indikatoren der Innovation Trap

	Trifft gar nicht zu	Trifft teilw. zu	Trifft vollk. zu
Marktindikatoren			
1. Das Unternehmen war in der Vergangenheit Innovationsführer	O	O	O
2. Am Markt agieren Unternehmen, die eine hohe Innovationskraft haben	O	O	O
3. Die Innovationen, die auf den Markt kommen, verändern die Industrie	O	O	O
4. Die Wettbewerber sind einen Schritt voraus, was Innovationen angeht	O	O	O
5. Die Wettbewerber werden nachgeahmt	O	O	O
Geschäftsmodellindikatoren (Wertschöpfungsdimension)			
6. Es liegen wenige finanzielle Ressourcen für Innovationen vor	O	O	O
7. Die organisatorische Einbindung der Innovationsabteilung ist sehr eng	O	O	O
8. Das Unternehmen ruht sich auf dem Innovationserfolg der Vergangenheit aus	O	O	O
9. Der Fokus liegt auf radikalen und nicht auf inkrementellen Innovationen	O	O	O
10. Die Innovationen sind technisch orientiert	O	O	O
11. Die laufenden Erträge werden geschützt	O	O	O
12. Es werden keine Risiken hinsichtlich Innovationen eingegangen	O	O	O
13. Das Vorgehen hinsichtlich der Entwicklung von Innovationen ist unsystematisch	O	O	O
14. Keine Nutzung von externen Potenzialen (Open Innovation)	O	O	O
15. Eine funktionale Orientierung statt einer Kundenorientierung	O	O	O

Die Auflistung der Indikatoren ist exemplarisch und kann bei Bedarf angepasst werden. In diesem Fall müssen die Punktekorridore mit den Einschätzungen angepasst werden.

11.5   Lösungsansätze zur Innovation Trap

Um der Innovation Trap zu entkommen, liegen folgende Lösungsansätze vor (in Anlehnung an: Barske, 2009, S. 2 ff.; Kanter, 2006, S. 76 ff.).

Marktbeobachtung
Wettbewerber, die am Markt agieren, sind ständig zu beobachten, um frühzeitig auf deren Aktivitäten reagieren zu können. Es sind ebenso technologische Entwicklungen am Markt zu beobachten, um Szenarien zu entwickeln. Zudem sollen Kundenanforderungen frühzeitig erkannt und in Problemlösungen umgewandelt werden.

Standardisierte Prozesse
Um eine stetige und kreative Ideenfindung bzw. Innovationsentwicklung innerhalb des Unternehmens sicherzustellen, sind standardisierte Innovationsprozesse notwendig.

Offene Innovationskultur
Impulse, die außerhalb des Unternehmens gewonnen werden (Open Innovation), sollen in Innovationen umgewandelt werden. Ebenso muss innerhalb des Unternehmens eine Innovationskultur aufgebaut werden, die schnell und unkompliziert Verbesserungen auf allen Ebenen zulässt.

Organisation anpassen
Neben dem Abbau der Bürokratie ist das Innovationsmanagement als eigenständiger und weitestgehend unabhängiger Bereich in dem Unternehmen anzusiedeln.

Finanzielle Unterstützung
Um Innovationen schnell umsetzen zu können, sind einerseits ausreichend finanzielle Mittel bereit zu stellen und andererseits eine Risikobereitschaft hinsichtlich Innovationen aufzubauen.

Radikale und inkrementelle Innovationen
Neben radikalen Innovationen sollen ebenfalls inkrementelle Innovationen berücksichtigt werden, um sich stetig weiterzuentwickeln.

Unterschiedliche Innovationsarten
Neben der Innovation von Produkten, sind auch Innovationen von Dienstleistungen, Prozessen und Geschäftsmodellen zu berücksichtigen. Die Lösungsansätze der Innovation Trap sind in Abb. 11.6 aufgeführt.

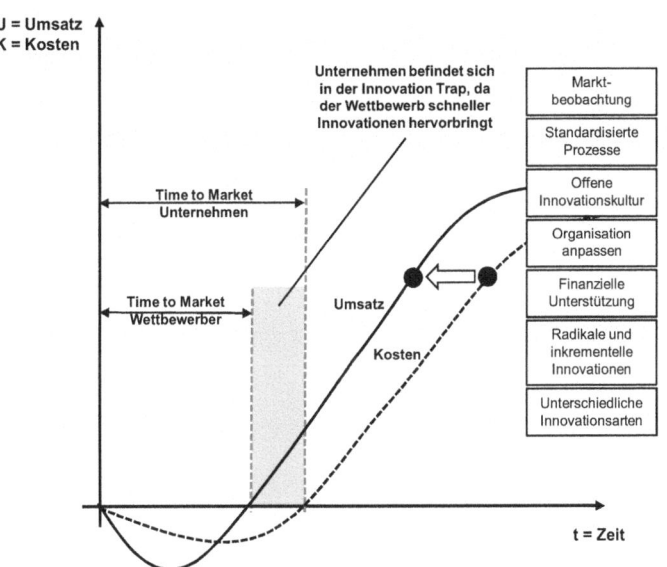

Abb. 11.6 Lösungsansätze zur Innovation Trap

IT Alignment Trap

12

Zusammenfassung

Ein Unternehmen befindet sich in der IT-Alignment Trap, wenn die IT-Kosten zur Angleichung der IT-Strategie an die Unternehmensstrategie überdurchschnittlich hoch sind und gleichzeitig die Leistungsfähigkeit der IT unterdurchschnittlich niedrig ist.

Der Computer wurde zur Lösung von Problemen erfunden, die es früher nicht gab.
Bill Gates

12.1 Beschreibung der IT-Alignment Trap

Die IT-Alignment Trap beschreibt das Phänomen, wenn ein Unternehmen den Einsatz einer passenden IT bzw. eine IT-Strategie verfolgt, die die Unternehmensstrategie und -ziele umsetzt. Zur Angleichung der IT-Strategie an die Unternehmensstrategie bzw. an die Unternehmensziele entstehen IT-Kosten. Ist nun die Leistungsfähigkeit der eingesetzten IT, trotz Angleichung, nicht ausreichend, so befindet sich das Unternehmen in der IT-Alignment Trap. Hierbei liegen die IT-Kosten bei 13 % über dem Durchschnitt und das Wachstum bei 14 % unter dem Durchschnitt (Abb. 12.1).

Werden die beiden Faktoren: Angleichung und Leistungsfähigkeit betrachtet, so liegen drei weitere Zonen vor: die IT-Befähigungszone (IT-Kosten ±6 %; Wachstum +35 %), die Instandhaltungszone (IT-Kosten +0 %; Wachstum −2 %) und die Funktionszone (IT-Kosten −15 %; Wachstum +11 %). Zielsetzung eines Unternehmens sollte es sein, die Leistungsfähigkeit der IT zu steigern und somit in die IT-Befähigungszone zu gelangen (Korhonen, 2009; Shpilberg et al. 2007).

© Springer Fachmedien Wiesbaden 2016
D. R. A. Schallmo, L. Brecht, *Mind the Trap – 11 typische Unternehmensfallen,*
DOI 10.1007/978-3-658-09565-9_12

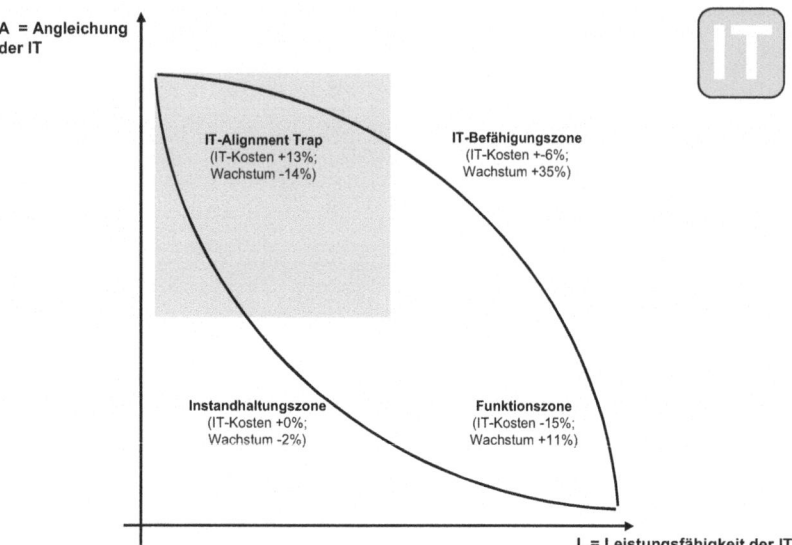

Abb. 12.1 IT Alignment Trap (Korhonen, 2009)

12.2   Beispiele zur IT-Alignment Trap

De Beers (Shpilberg et al. 2007)

De Beers ist der weltgrößte Diamantenhersteller und hat die Herausforderung der Angleichung der IT an die Unternehmensstrategie positiv umgesetzt. In der Vergangenheit wurde innerhalb der Absatz- und Fertigungsplanung nicht einheitlich vorgegangen. Unter Debbie Farnaby wurde ein SAP-Planungssystem implementiert, das innerhalb des gesamten Unternehmens eingesetzt wurde. Die Umsetzung dauerte dreieinhalb Jahre und hatte ein Investitionsvolumen von 45 Mio. US-Dollar. Als Ergebnis lagen einheitliche Anwendungen vor, die eine langfristige Kostenreduzierung ermöglicht haben (Abb. 12.2).

Charles Schwab (Shpilberg et al. 2007; Puryear et al. 2008)

Ein negatives Beispiel ist das Unternehmen Charles Schwab, ein Finanzdienstleister, der sich zu einem Full Service Online Broker entwickelt hat. Zu Beginn war der Einsatz der IT eine Stärke des Unternehmens. Nach einer Wachstumsphase wies die IT allerdings eine hohe Komplexität auf und unterschiedliche

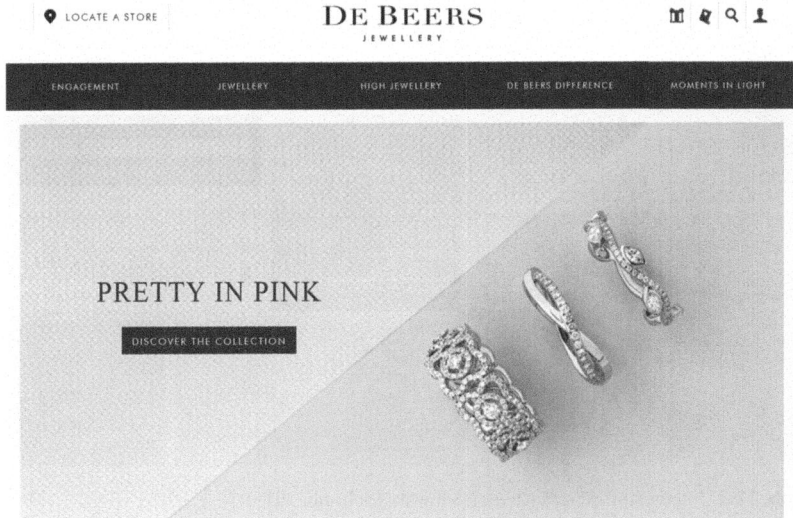

Abb. 12.2 Internetauftritt von De Beers. (De Beers, 2015)

Abteilungen ergriffen Initiativen zur Umsetzung von IT. Diese Initiativen wurden unabhängig voneinander umgesetzt und spiegelten die individuellen Interessen der Abteilungen wider. Somit wurden widersprüchliche Ziele gleichzeitig verfolgt und ähnliche Ergebnisse erzielt. Die Folgen waren eine hohe Komplexität, hohe Kosten und ein geringer Effekt der eingesetzten IT für das Unternehmen. Abbildung 12.3 stellt das Leistungsportfolio und den Gründer Chuck Schwab dar.

12.3 Auslöser und Folgen der IT-Alignment Trap

Die Entwicklung einer Unternehmensstrategie und die Ableitung von Unternehmenszielen dienen als Basis für die Entwicklung einer IT-Strategie. Zielsetzung einer IT-Strategie ist meist die Standardisierung von Daten und Prozessen. Im Rahmen der Umsetzung der IT-Strategie werden Investitionen getätigt.

Während des Einsatzes der IT-Systeme entstehen Kosten für die IT-Instandhaltung, die gemeinsam mit den IT-Investitionen die gesamten IT-Kosten darstellen. Die gesamten IT-Kosten sind im Vergleich überdurchschnittlich hoch. Die eingesetzte IT weist eine unterdurchschnittliche Leistungsfähigkeit auf, die ebenfalls zu einem unterdurchschnittlichen Unternehmenswachstum führt (Shpilberg et al.

Abb. 12.3 Internetauftritt von Charles Schwab. (Schwab, 2015)

2007; Puryear et al. 2008). Die beschriebenen Auslöser und Folgen der IT-Alignment Trap sind in Abb. 12.4 dargestellt.

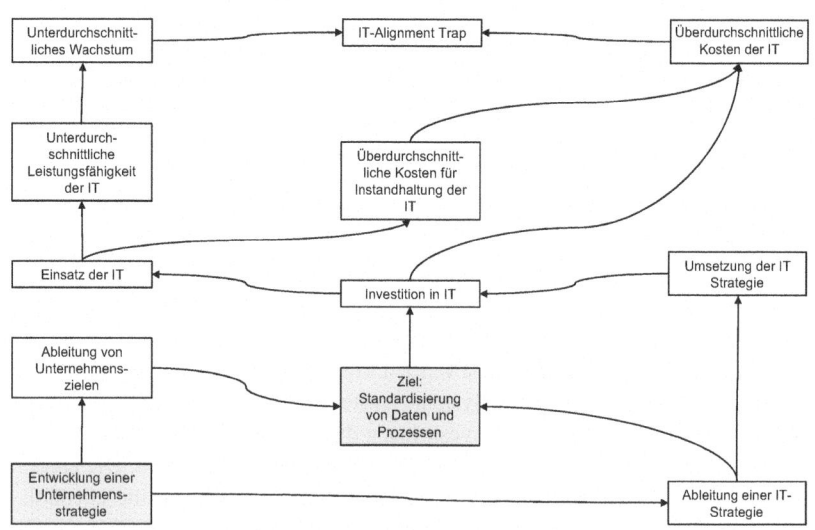

Abb. 12.4 Auslöser und Folgen der IT Alignment Trap

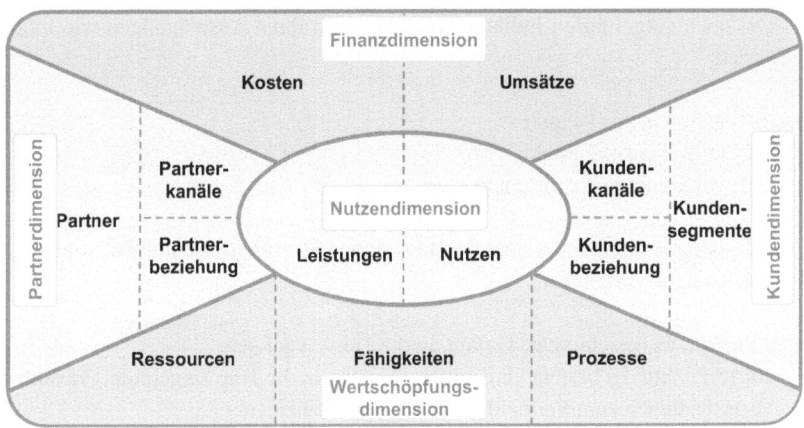

Abb. 12.5 Zuordung der IT-Alignment Trap

Tab. 12.1 Indikatoren der IT-Alignment Trap

	Trifft gar nicht zu	Trifft teilw. zu	Trifft vollk. zu
Geschäftsmodellindikatoren (Finanzdimension)			
1. Die Investitionen für IT sind hoch	O	O	O
2. Die Kosten für Instandhaltung sind hoch	O	O	O
3. Die Gesamtkosten für IT sind überdurchschnittlich hoch	O	O	O
4. Das Umsatzwachstum ist unterdurchschnittlich	O	O	O
Geschäftsmodellindikatoren (Wertschöpfungsdimension)			
5. Die IT-Strategie soll Unternehmensstrategie umsetzen	O	O	O
6. Der Fokus liegt auf Angleichung der IT	O	O	O
7. Die Leistungsfähigkeit der IT ist unterdurchschnittlich	O	O	O
8. Die IT-Projekte werden weiterverfolgt, obwohl sie ineffektiv sind	O	O	O
9. Das IT-System muss viele verschiedene Aufgaben abdecken	O	O	O

12.4 Indikatoren der IT-Alignment Trap

Die IT-Alignment Trap weist Indikatoren auf, die zur Erkennung der Trap dienen. Die Indikatoren lassen sich dem Geschäftsmodell (Wertschöpfungs- und Finanzdimension) zuordnen (Abb. 12.5). Sie werden mit: „trifft gar nicht zu", „trifft teilweise zu" und „trifft vollkommen zu" bewertet. Tabelle 12.1 enthält exemplarische Indikatoren (in Anlehnung an: Shpilberg et al. 2007; Puryear et al. 2008).

Die oben aufgeführten Indikatoren werden mit ihren Ausprägungen wie folgt bewertet:

- trifft gar nicht zu: 1 Punkt
- trifft teilweise zu: 2 Punkte
- trifft vollkommen zu: 3 Punkte.

Auf Basis der Zusammenfassung der Bewertung lassen sich anschließend folgende Einschätzungen vornehmen:

- 9 Punkte: Es besteht keine Gefahr, in die Trap zu geraten.
- 10–18 Punkte: Es besteht eine mittlere Gefahr, in die Trap zu geraten. Präventive Maßnahmen zum Vermeiden der Trap sind einzuleiten.
- 19–27 Punkte: Es besteht hohe Gefahr, da sich das Unternehmen bereits in der Trap befindet. Maßnahmen zum Entkommen aus der Trap sind einzuleiten.

Die Auflistung der Indikatoren ist exemplarisch und kann bei Bedarf angepasst werden. In diesem Fall müssen die Punktekorridore mit den Einschätzungen angepasst werden.

12.5   Lösungsansätze zur IT-Alignment Trap

Um der IT-Alignment Trap zu entkommen, liegen folgende Lösungsansätze vor (in Anlehnung an: Shpilberg et al. 2007; Puryear et al. 2008; Korhonen, 2009).

Komplexität reduzieren
Die Komplexitätsreduktion der IT kann durch die Abstimmung der IT-Projekte aufeinander, die Sicherstellung eines reibungslosen Ablaufs, die Eliminierung von Redundanzen und die Umsetzung von Standards für Prozesse und Daten, erfolgen. Alle diese Maßnahmen verursachen zunächst Kosten, die allerdings langfristig zu Einsparungen (insbesondere im Rahmen der Instandhaltung) führen und somit zur Erhöhung der Effektivität führen.

Rightsourcing betreiben
Eine effektive IT erfordert Fähigkeiten, die von der Erstellung eines Help Desks bis hin zu innovativen Geschäftsanwendungen reichen. In der heutigen Zeit können nahezu all diese Fähigkeiten von externen Dienstleistern bezogen werden. Innerhalb des Unternehmens sollten lediglich Anwendungen selbst erstellt werden,

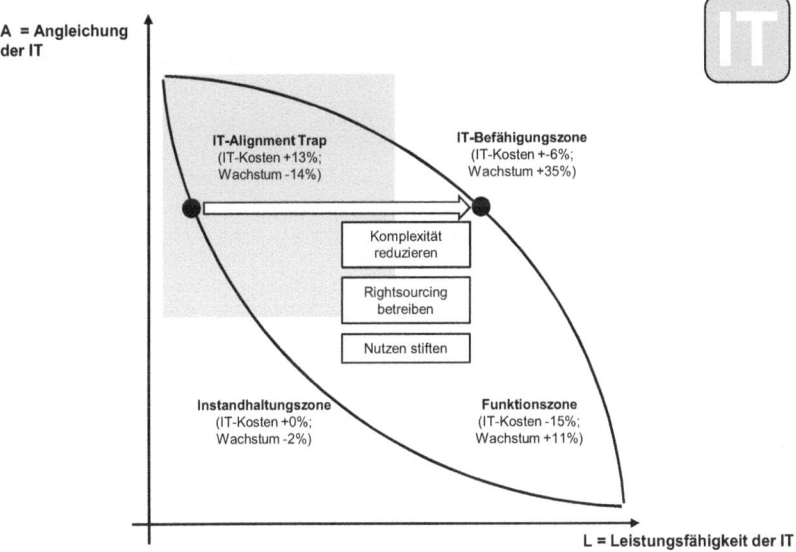

Abb. 12.6 Lösungsansätze zur IT Alignment Trap

die strategisch relevant sind und zur Differenzierung gegenüber Wettbewerbern dienen.

Nutzen stiften

Um einen Nutzen zu stiften, sollten IT-Projekte zu den geplanten Terminen, innerhalb des geplanten Budgets und mit den geeigneten Funktionen, die den Unternehmensbedarf abdecken, fertig gestellt werden. Um diese Anforderungen zu erfüllen, sollten für IT-Projekte geeignete Ziele, Pläne und Ressourcen festgelegt werden. Somit kann z. B. mittels der Messung von Kennzahlen der Nutzen von IT-Projekten aufgezeigt werden.

Die beschriebenen Lösungsansätze sind in Abb. 12.6 aufgeführt.

Performance Measurement Trap

13

Zusammenfassung

Ein Unternehmen befindet sich in der Performance Measurement Trap, wenn die Erfolgs- bzw. Leistungsmessung innerhalb eines Unternehmens zu Fehleinschätzungen führt. Diese Fehleinschätzungen führen zu Fehlentscheidungen, die dem Unternehmen nachhaltig schaden.

Eine Fehlentscheidung auf Anhieb spart immerhin Zeit.
Helmar Nahr

13.1 Beschreibung der Performance Measurement Trap

Die Performance Measurement Trap kann dann eintreten, wenn die Erfolgs- bzw. Leistungsmessung von Mitarbeitern durchgeführt wird, die nicht für diese Aufgabe vorgesehen sind. Häufig kann somit, aufgrund des Umfangs an Zahlen und Vergleichen, nur schwer ein Einblick in die tatsächliche Leistung des Unternehmens gewonnen werden, was Fehleinschätzungen zur Folge hat. Die Entscheidungen, die auf Basis der Fehleinschätzungen getroffen werden, schaden meist dem Unternehmen. Es liegen fünf unterschiedliche Ausprägungen der Performance Measurement Trap vor, die nachfolgend erläutert sind (Likierman, 2009; Sourcing Innovation, 2010; Abb. 13.1).

Interne Vergleiche
Viele Unternehmen führen nur interne Vergleiche von der Erfolgs- und Leistungsmessung durch. Es ist allerdings entscheidend, sich ebenfalls mit anderen Unternehmen der eigenen, oder fremder Branchen zu vergleichen.

© Springer Fachmedien Wiesbaden 2016
D. R. A. Schallmo, L. Brecht, *Mind the Trap – 11 typische Unternehmensfallen,*
DOI 10.1007/978-3-658-09565-9_13

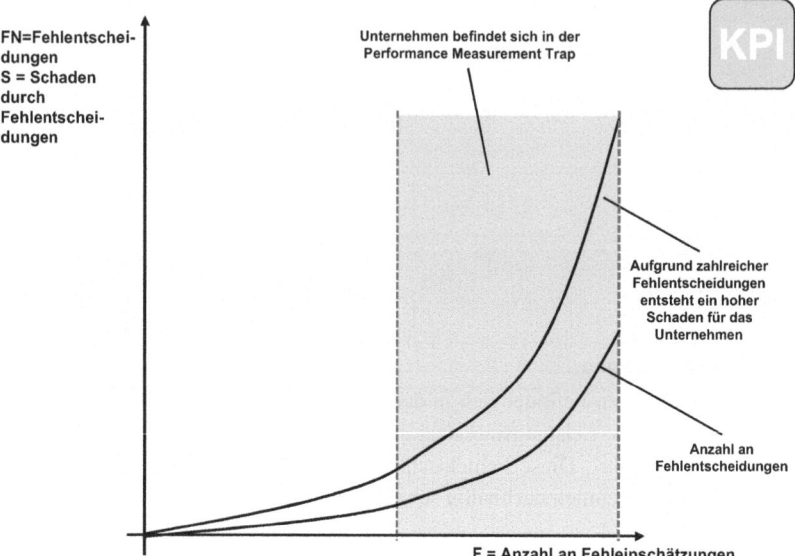

Abb. 13.1 Performance Measurement Trap

Rückblickende Vergleiche
War ein Unternehmen im Vergleich zum Wettbewerb in der Vergangenheit erfolgreich, so kann dies dazu führen, dass das Unternehmen aufgrund der erzielten Ergebnisse keine neuen Aktivitäten zur Ergebnisverbesserung initiiert. Es ist ebenso nicht sichergestellt, dass das Unternehmen in der Gegenwart über eine geeignete Ausrichtung verfügt. Die Erfolgs- und Leistungsmessung sollte aufzeigen, dass getroffene Entscheidungen dem Unternehmen auch in Zukunft einen Nutzen erzeugen.

Finanzielle Vergleiche
Werden innerhalb eines Unternehmens ausschließlich finanzielle Vergleiche zur Leistungsmessung durchgeführt kann dies dazu führen, wichtige Erkenntnisse außer Acht zu lassen, die z. B. Kunden (z. B. Kundenzufriedenheit) oder Mitarbeiter (z. B. Fluktuation) betreffen.

Manipulation von Vergleichen
Es ist nahezu unmöglich, die Manipulation von Vergleichen zu verhindern. Innerhalb von Vergleichen sollten daher Messungen einerseits diversifiziert und andererseits anhand unterschiedlicher Quellen erstellt werden.

Ungeeignete Messgrößen

Unternehmen, die ein starkes Wachstum verzeichnet haben, halten oftmals an Messgrößen fest, die sie in der Vergangenheit definiert haben, die allerdings für die Gegenwart ungeeignet sind. In der Anfangsphase eines Unternehmens wird z. B. der Fokus auf die Leistung anhand des Bestehens in einem Markt, Geldressourcen und Wachstum gemessen.

13.2 Beispiele zur Performance Measurement Trap

Enterprise (Likierman, 2009)

Das Beispiel bezieht sich auf die erste Ausprägung der Trap: interne Vergleiche. Die Autovermietung Enterprise nutzt einen eigenen Index für die Messung der Servicequalität. Jede Mietstation kontaktiert dabei stichprobenweise Kunden, die Enterprise in Anspruch genommen haben und fragt nach, ob sich die Kunden in Zukunft wieder an Enterprise wenden würden. Ist dies bei der Mehrheit der Befragten der Fall, dann erhöht sich der Index für die Messung der Servicequalität, woraus sich schließen lässt, dass Enterprise an Marktanteil dazu gewinnt. Fällt der Index der Servicequalität. Hieraus lässt sich schließen, dass Kunden zum Wettbewerb abwandern. Die Mietstationen geben die Ergebnisse der Befragung innerhalb von zwei Wochen ab und ergänzen diese um Profitabilitätszahlen. Abbildung 13.2 stellt das Buchungssystem von Enterprise dar.

SoftBank (Likierman, 2009)

Das zweite Beispiel betrifft die vierte Form der Trap, wenn Vergleiche manipuliert werden. Das japanische Telekommunikationsunternehmen SoftBank hat dafür drei Zeithorizonte eingeführt, innerhalb derer die Leistung des Unternehmens gemessen wird.

Der Zeithorizont 1 bezieht sich auf die Maßnahmen, die für das Kerngeschäft relevant sind und zu dessen Verteidigung und Ausdehnung dienen. Die Metriken beinhalten den Cash Flow und die Erlöse. Der Zeithorizont 2 berücksichtigt Maßnahmen, die den Ausbau von Geschäftsfeldern beinhalten. Hierbei spielen insbesondere Marketing- und Verkaufszahlen eine Rolle. Der Zeithorizont 3 beinhaltet Maßnahmen, die die Schaffung völlig neue Geschäfte beinhalten.

Mittels der Definition dieser Zeithorizonte ist es schwieriger, Metriken auszutricksen, da diese einem Bereich zugeordnet sind (Abb. 13.3).

Abb. 13.2 Enterprise Buchungssystem (Enterprise, 2015)

Abb. 13.3 Internetauftritt von SoftBank (SoftBank, 2015)

13.3 Auslöser und Folgen der Performance Measurement Trap

Auslöser für die Performance Measurement Trap sind Bestrebungen, die Effektivität und Effizienz des Unternehmens zu steigern. Hierfür wird meist ein System zur Erfolgs- und Leistungsmessung eingeführt, das zahlreiche Messgrößen und Vergleiche zum Ergebnis hat.

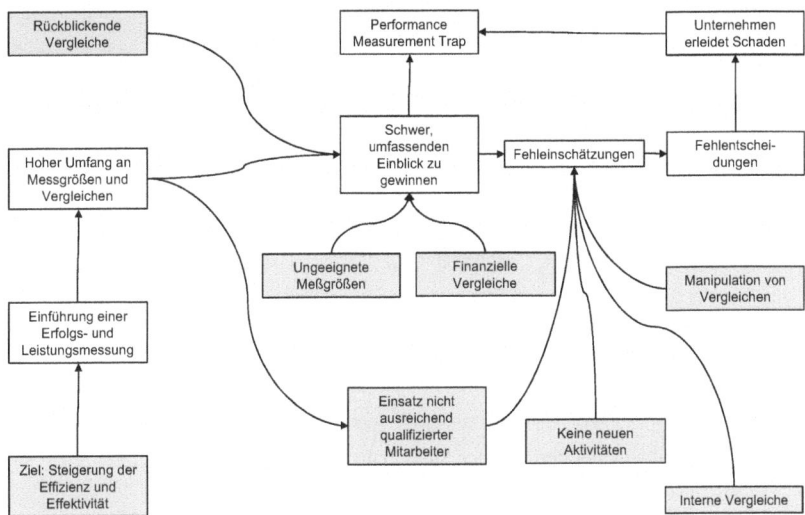

Abb. 13.4 Auslöser und Folgen der Performance Measurement Trap

Diese zahlreichen Messgrößen und Vergleiche führen, gemeinsam mit den rückblickenden Vergleichen und Orientierung an finanziellen Messgrößen dazu, dass eine Intransparenz über die aktuelle Situation des Unternehmens gewonnen werden kann. Ferner werden Mitarbeiter mit der Leistungsmessung vertraut gemacht, die häufig nicht ausreichend dafür qualifiziert sind. Diese Auslöser, sowie die Manipulation von Vergleichen, der Fokus auf interne Vergleiche und ausbleibende Aktivitäten zur Ergebnisverbesserung, führen zu Fehleinschätzungen, die wiederum zu Fehlentscheidungen führen (Likierman, 2009; Sourcing Innovation, 2010). In Abb. 13.4 sind die Auslöser und Folgen der Performance Measurement Trap aufgeführt.

13.4 Indikatoren der Performance Measurement Trap

Die Performance Measurement Trap weist Indikatoren auf, die zur Erkennung der Trap dienen. Die Indikatoren lassen sich dem Geschäftsmodell (Wertschöpfungsdimension) zuordnen (Abb. 13.5). Sie werden mit: „trifft gar nicht zu", „trifft teilweise zu" und „trifft vollkommen zu" bewertet. Tabelle 13.1 enthält exemplarische Indikatoren (in Anlehnung an: Likierman, 2009; Sourcing Innovation, 2010).

Die oben aufgeführten Indikatoren werden mit ihren Ausprägungen wie folgt bewertet:

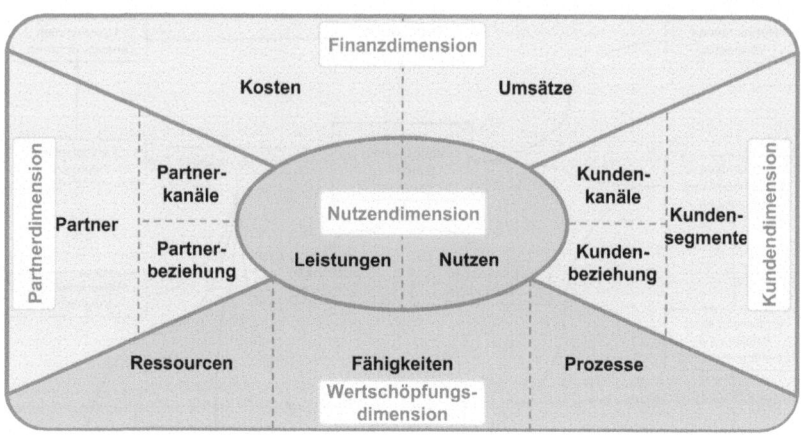

Abb. 13.5 Zuordnung der Performance Measurement Trap

Tab. 13.1 Indikatoren der Performance Measurement Trap

	Trifft gar nicht zu	Trifft teilw. zu	Trifft vollk. zu
Geschäftsmodellindikatoren (Wertschöpfungsdimension)			
1. Es liegt ein hoher Umfang an Messgrößen und Vergleichen vor.	O	O	O
2. Die eingesetzten Mitarbeiter sind mit der Erfolgs- und Leistungsmessung überfordert	O	O	O
3. Das Unternehmen ruht sich auf den Erfolgen der Vergangenheit aus	O	O	O
4. Der Fokus liegt auf internen Vergleichen	O	O	O
5. Die Messwerkzeuge sind vergangenheitsbasiert			
6. Entscheidungen werden nur auf Basis von Zahlen getroffen	O	O	O
7. Es ist schwer, einen umfassenden Einblick in die tatsächlichen Erfolge und Leistungen des Unternehmen zu gewinnen	O	O	O
8. Fehleinschätzungen haben in der Vergangenheit zu Fehlentscheidungen geführt	O	O	O

- trifft gar nicht zu: 1 Punkt
- trifft teilweise zu: 2 Punkte
- trifft vollkommen zu: 3 Punkte.

Auf Basis der Zusammenfassung der Bewertung lassen sich anschließend folgende Einschätzungen vornehmen:

- 8 Punkte: Es besteht keine Gefahr, in die Trap zu geraten.
- 9–16 Punkte: Es besteht eine mittlere Gefahr, in die Trap zu geraten. Präventive Maßnahmen zum Vermeiden der Trap sind einzuleiten.
- 17–24 Punkte: Es besteht hohe Gefahr, da sich das Unternehmen bereits in der Trap befindet. Maßnahmen zum Entkommen aus der Trap sind einzuleiten.

Die Auflistung der Indikatoren ist exemplarisch und kann bei Bedarf angepasst werden. In diesem Fall müssen die Punktekorridore mit den Einschätzungen angepasst werden.

13.5 Lösungsansätze zur Performance Measurement Trap

Um der Performance Measurement Trap zu entkommen, liegen folgende Lösungsansätze vor (in Anlehnung an: Likierman, 2009; Sourcing Innovation, 2010).

Benchmarking mit anderen Unternehmen
Ein Unternehmen sollte sich nicht nur auf interne Vergleiche stützen, sondern ebenfalls externe Vergleiche durchführen, um Diagnose über die eigene Leistung erstellen zu können. Externe Vergleiche können durch Kundenbefragungen, Beobachtungen und Datenbanken erfolgen.

Sicherstellung der Zukunftsorientierung
Ein System der Erfolgs- und Leistungsmessung muss zukunftsgerichtet sein und zeigen, ob aktuell getroffene Entscheidungen dem Unternehmen auch in Zukunft einen Nutzen stiftet. Dafür sind geeignete Indikatoren auszuwählen.

Berücksichtigung finanzieller und nicht-finanzieller Größen
Neben finanziellen Größen müssen auch nicht-finanzielle Größen berücksichtigt werden, um einen umfassenden Einblick über die Situation des Unternehmens zu erhalten. Hierfür können z. B. Mitarbeiter und Kunden befragt werden.

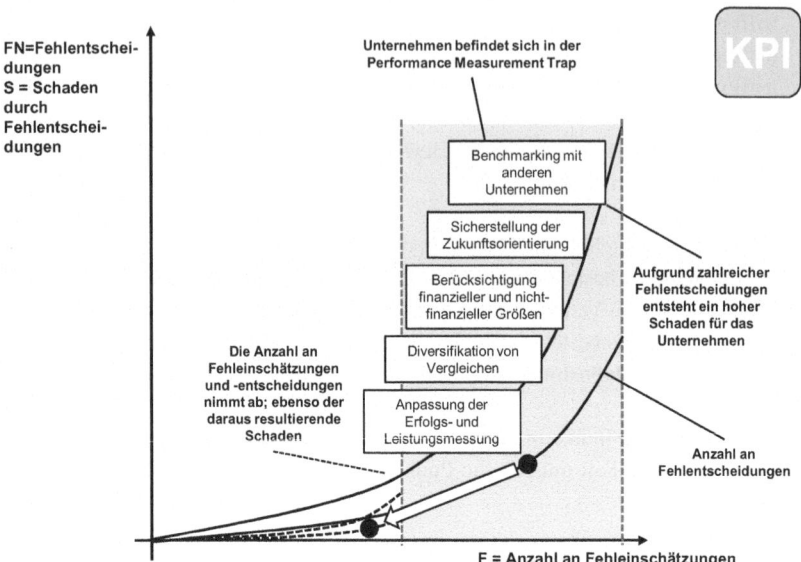

Abb. 13.6 Lösungsansätze zur Performance Measurement Trap

Diversifikation von Vergleichen

Für ein Unternehmen ist es nahezu unmöglich, das Manipulieren von Vergleichen zu verhindern. Diese Erkenntnis ist innerhalb der Berechnungen zu berücksichtigen. Dafür müssen die Messgrößen und Vergleiche diversifiziert werden, da es schwieriger ist, eine hohe Anzahl an Messgrößen und Vergleiche auf einmal zu manipulieren. Daneben sollen Vergleiche ihren Ursprung nicht nur in einer, sondern in vielen verschiedenen Quellen haben.

Anpassung der Erfolgs- und Leistungsmessung

In der Anfangsphase eines Unternehmens wird der Erfolg häufig in dem Bestehen am Markt, in Geldressourcen und anhand des Wachstums interpretiert. Daneben werden Vergleiche auf Wochen-, Monats- oder Jahresbasis erstellt. Ein wachsendes Unternehmen sollte allerdings die Erfolgs- und Leistungsmessung individuellen Gegebenheiten anpassen. Die Lösungsansätze sind in Abb. 13.6 zusammengefasst.

Routine Trap

14

Zusammenfassung

Ein Unternehmen befindet sich in der Routine Trap, wenn nicht festgestellt wird, dass aufgrund veränderter Gegebenheiten, Routinen angepasst werden müssen. Ferner befindet sich ein Unternehmen in der Routine Trap, wenn an Routinen festgehalten wird, da es Menschen häufig schwer fällt, Routinen aufzugeben. Die Routinen, die ein Unternehmen einst erfolgreich gemacht haben, verhindern somit nun eine Leistungssteigerung.

Alle großen Erfindungen, alle großen Werke sind das Resultat einer Befreiung, der Befreiung von der Routine des Denkens und Tuns.
Arthur Koestler

14.1 Beschreibung der Routine Trap

Erfolgreiche Unternehmen setzen oftmals Routinen ein, die ihnen zur der aktuellen Position verholfen haben. Routinen ermöglichen eine Effizienz und sind relevant, um komplexe Prozesse effizient umsetzen zu können. Routinen sind geübte, automatisierte und etablierte Handlungen. Sie sind daher unentbehrlich, um erfolgreich zu sein. Aus diesem Grund halten Unternehmen an Routinen fest und definieren diese sogar als Best Practice. Ab einem gewissen Zeitpunkt verhindern diese Routinen allerdings eine Veränderung und eine damit verbundene Leistungssteigerung. Dies ist insbesondere der Fall, wenn sich das Umfeld verändert, das neue Herangehensweisen erfordert, um erfolgreich im Markt bestehen zu können (Abb. 14.1).

Etablierte Routinen zu verändern und an neue Gegebenheiten anzupassen stellt sich häufig als Schwierigkeit dar. Zum einen liegt dies daran, dass schwer feststellbar ist, wann Routinen geändert werden müssen und zum anderen fällt es Men-

© Springer Fachmedien Wiesbaden 2016
D. R. A. Schallmo, L. Brecht, *Mind the Trap – 11 typische Unternehmensfallen,*
DOI 10.1007/978-3-658-09565-9_14

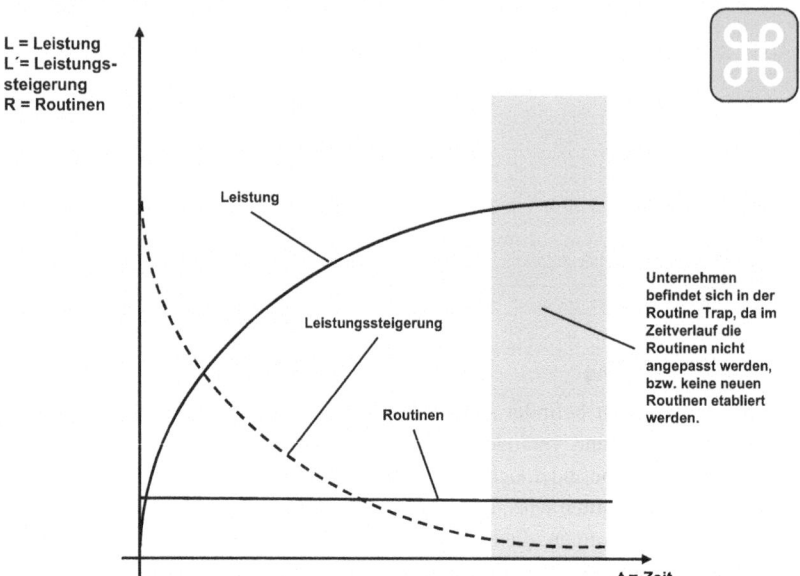

Abb. 14.1 Routine Trap

schen häufig schwer, etablierte Routinen aufzugeben. Als Folge befindet sich das Unternehmen in der Routine Trap (in Anlehnung an: Federowski und Kersting, 2005).

14.2 Beispiele zur Routine Trap

Karstadt (Wirtschaftswoche, 2014)

Karstadt konnte sich lange Zeit mit Routinen erfolgreich am Markt behaupten und hatte wenige ernstzunehmenden Wettbewerber, die die Marktmacht des Unternehmens beinträchtigen konnten. Aufgrund der hohen Profite, die erwirtschaftet wurden, hielt Karstadt viele Jahre an den Routinen fest. Dabei wurden neue Wettbewerber nicht ausreichend beachtet. So haben sich z. B. H&M, Zara und Mango mit preiswerten und schnell wechselnden Kollektionen einen immer größeren Anteil am Einkaufsbudget der Kunden gesichert. Zudem haben Einkaufszentren, im Vergleich zu Warenhäusern, an Relevanz gewonnen, da sie eine größere Auswahl als Warenhäuser angeboten haben. Die Folge war, dass Karstadt weitere Marktanteile verlor.

Abb. 14.2 Karstadt mit einer Sale-Aktion (Wirtschaftswoche, 2014)

Ein weiteres Phänomen war die Konzentration von Karstadt auf den stationären Handel. Derzeit ist allerdings der Online-Handel der größte Wachstumsträger im Einzelhandel. Die meisten Online-Händler konnten im Weihnachtsgeschäft 2013 zweistellige Zuwachsraten verzeichnen. Karstadt musste allerdings einen Rückgang des Online-Geschäfts hinnehmen.

Der Versuch aus der Routine auszubrechen, indem ein jugendlicheres Image aufgebaut, das Unternehmen mit neuen, trendigen Marken stärker auf Mode ausgerichtet und Sortimentsbereiche (z. B. Elektronik) aufgegeben wurden, missglückte. Die ältere Stammkundschaft wurde verschreckt und neue, junge Zielgruppen konnten nicht in dem erhofften Umfang erreicht werden (Abb. 14.2).

14.3 Auslöser und Folgen der Routine Trap

Auslöser für die Routine Trap ist das Festhalten an Routinen, da ein Unternehmen einerseits mittels dieser Routinen erfolgreich geworden ist und andererseits kein Bewusstsein vorliegt, dass Routinen angepasst werden müssen, um weiterhin erfolgreich zu sein. Daneben fällt es Menschen meist schwer, Routinen anzupassen. Weiterhin liegen oftmals zahlreiche Routineaufgaben vor und es wird viel Zeit für Routineaufgaben aufgewendet. Gepaart mit einem Mitarbeitermangel führt dies dazu, dass die Zeit fehlt, Routinen anzupassen. Eine Leistungssteigerung des Unternehmens bleibt aus (in Anlehnung an: Federowski und Kersting, 2005). Die Auslöser und Folgen der Routine Trap sind in Abb. 14.3 aufgeführt.

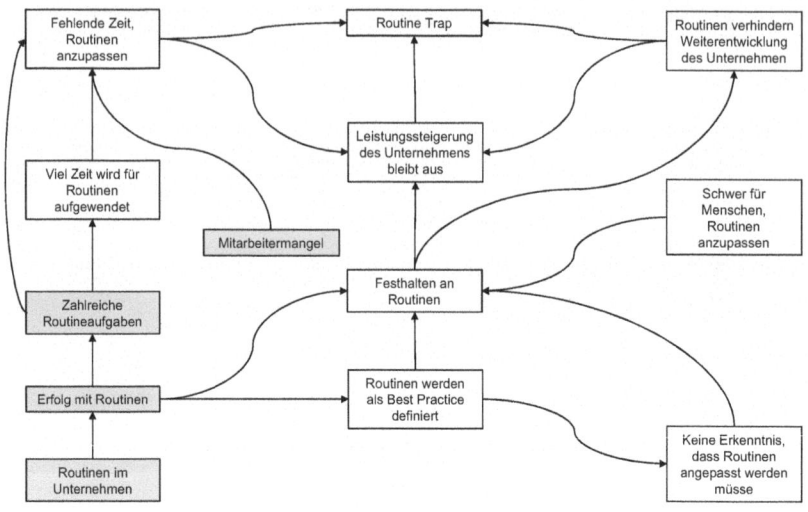

Abb. 14.3 Auslöser und Folgen der Routine Trap

14.4 Indikatoren der Routine Trap

Die Routine Trap weist Indikatoren auf, die zur Erkennung der Trap dienen. Die Indikatoren lassen sich dem Geschäftsmodell (Wertschöpfungsdimension) zuordnen (Abb. 14.4). Sie werden mit: „trifft gar nicht zu", „trifft teilweise zu" und „trifft vollkommen zu" bewertet. Tabelle 14.1 enthält exemplarische Indikatoren (in Anlehnung an: Federowski und Kersting, 2005).

Die oben aufgeführten Indikatoren werden mit ihren Ausprägungen wie folgt bewertet:

- trifft gar nicht zu: 1 Punkt
- trifft teilweise zu: 2 Punkte
- trifft vollkommen zu: 3 Punkte.

Auf Basis der Zusammenfassung der Bewertung lassen sich anschließend folgende Einschätzungen vornehmen:

- 8 Punkte: Es besteht keine Gefahr, in die Trap zu geraten.
- 9–16 Punkte: Es besteht eine mittlere Gefahr, in die Trap zu geraten. Präventive Maßnahmen zum Vermeiden der Trap sind einzuleiten.
- 17–24 Punkte: Es besteht hohe Gefahr, da sich das Unternehmen bereits in der Trap befindet. Maßnahmen zum Entkommen aus der Trap sind einzuleiten.

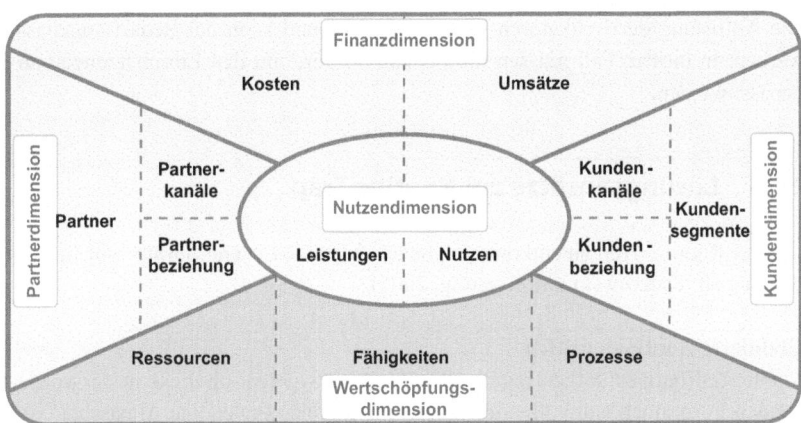

Abb. 14.4 Zuordnung der Routine Trap

Tab. 14.1 Indikatoren der Routine Trap

	Trifft gar nicht zu	Trifft teilw. zu	Trifft vollk. zu
Geschäftsmodellindikatoren (Wertschöpfungsdimension)			
1. Es liegen zahlreiche, etablierte Routinen innerhalb des Unternehmens vor	O	O	O
2. Die Routinen werden als Grund für den Erfolg des Unternehmens angesehen	O	O	O
3. Die Mitarbeiter halten an Routinen fest, obwohl diese angepasst werden müssen	O	O	O
4. Es wird nicht geprüft, ob Routinen an veränderte Gegebenheiten angepasst werden müssen	O	O	O
5. Der Großteil der Arbeitszeit wird für Routinen verwendet; nur ein kleiner Teil der Arbeit bleibt für die Weiterentwicklung des Unternehmens übrig			
6. Die Mitarbeiter sind unterfordert; Herausforderungen fehlen	O	O	O
7. Es liegt kein Bewusstsein vor, dass Routinen angepasst werden müssen	O	O	O
8. Das Festhalten an Routinen führt zu einer Abnahme der Leistung	O	O	O

Die Auflistung der Indikatoren ist exemplarisch und kann bei Bedarf angepasst werden. In diesem Fall müssen die Punktekorridore mit den Einschätzungen angepasst werden.

14.5   Lösungsansätze zur Routine Trap

Um der Routine Trap zu entkommen, liegen folgende Lösungsansätze vor (in Anlehnung an: Federowski und Kersting, 2005).

Etablierte Routinen prüfen
Etablierte Routinen sollten regelmäßig überprüft werden, ob diese in der vorliegenden Form noch sinnvoll sind. Oftmals wird eine notwendige Anpassung von Routinen an ein verändertes Unternehmensumfeld nicht wahrgenommen, was durch eine regelmäßige Prüfung verhindert werden kann.

Routinen anpassen
Ist die Prüfung der Routinen erfolgt, so muss deren Anpassung erfolgen. Starre Unternehmensstrukturen sind dabei genauso hinderlich, wie menschliche Hürden. Aus diesem Grund ist eine Unternehmenskultur zu etablieren, die eine Anpassung von Routinen zulässt. Die Anpassung der Routinen sollte in kurzer Zeit erfolgen, um schnell eine sichtbare Veränderung zu erzielen. Über die sichtbare Veränderung wird zudem bei den Mitarbeitern die Bereitschaft aufgebaut, an weiteren Anpassungen zu arbeiten.

Aufgaben bündeln und Arbeitsweise effizient gestalten
Im Rahmen der Anpassung von Routinen sollten Aufgaben (insb. Routineaufgaben) gebündelt werden. Somit steht mehr Zeit für die Weiterentwicklung des Unternehmens zur Verfügung. Ferner sollte die Arbeitsweise von Mitarbeitern auf allen Ebenen effizient gestaltet werden. D. h. das Routineprozesse standardisiert werden.

Routineaufgaben automatisieren
Routineaufgaben sollten automatisiert werden, um Zeit einzusparen und somit für wichtige Aufgaben Zeit zur Verfügung zu haben, die die Weiterentwicklung des Unternehmens unterstützen. Ist eine Automatisierung nicht möglich, so müssen zusätzliche Mitarbeiter eingestellt werden, die Routineaufgaben übernehmen.
    Die beschriebenen Lösungsansätze der Routine Trap sind in Abb. 14.5 dargestellt.

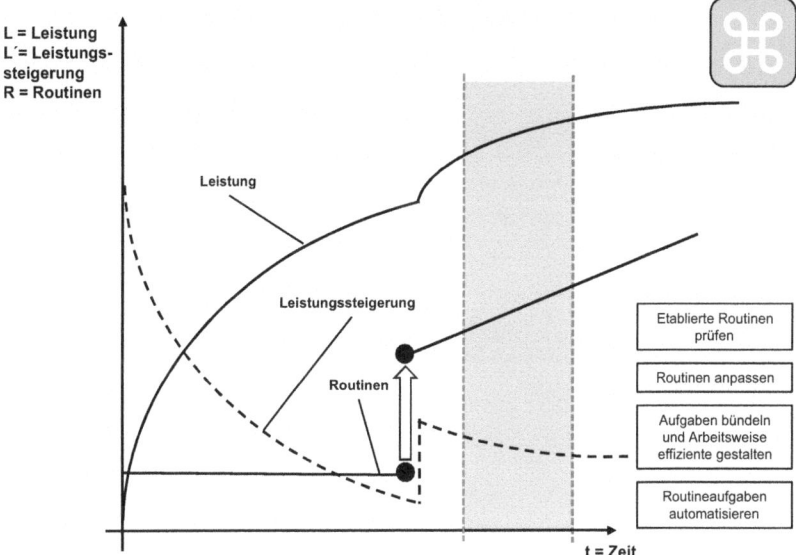

Abb. 14.5 Lösungsansätze zur Routine Trap

Zusammenfassung

Im Rahmen des vorliegenden Buches wurde zunächst ein Vorgehen vorgestellt, um systematisch Traps zu umgehen. Das Vorgehen umfasst das initiale Assessment des Geschäftsmodells, die Identifikation relevanter Traps, deren Bewertung und der Ableitung eines Lösungsansatzes.

Um das Initial-Assessment des Geschäftsmodells durchzuführen, liegt ein Raster und Leitfragen vor. Die Traps wurden überblicksartig dargestellt und in den Kontext des Geschäftsmodells eingeordnet. Im Anschluss wurden die jeweiligen Traps beschrieben, Beispiele aufgezeigt und ein Wirkungsnetz mit Auslösern und Folgen skizziert. Daneben wurden Indikatoren vorgestellt, die zur Bewertung der Trap dienen; anschließend wurden Lösungsansätze aufgezeigt, um die Trap zu umgehen.

Das vorliegende Buch bietet Praktikern unterschiedlicher Branchen eine Übersicht über die häufig auftretenden Traps und deren Beschreibung anhand wesentlicher Charakteristika. Die vorliegende Übersicht hat nicht den Anspruch, alle möglichen Traps, denen Unternehmen begegnen könnten aufzuzeigen. Die Auslöser, Folgen, Indikatoren und Lösungsansätze je Trap sind exemplarisch dargestellt und müssen nach Bedarf angepasst werden.

© Springer Fachmedien Wiesbaden 2016   119
D. R. A. Schallmo, L. Brecht, *Mind the Trap – 11 typische Unternehmensfallen,*
DOI 10.1007/978-3-658-09565-9

Literatur

Kapitel 2

Schallmo, D. (2013a): Geschäftsmodell-Innovation. Grundlagen, bestehende Ansätze, methodisches Vorgehen und B2B-Geschäftsmodelle. Wiesbaden 2013.

Schallmo, D. (2013b): Geschäftsmodelle erfolgreich entwickeln und implementieren, Springer Verlag, Wiesbaden.

Kapitel 4

Abb (2014), http://www.abb.de/ProductGuide/

von Adrian, S. (2013): Unternehmen in der Beschleunigungsfalle – Wie Führungskräfte und Mitarbeiter mit Identifikationsverlust, Belastungen und Leistungsgrenzen umgehen können, http://www.uv-barnim.de/mitglieder/images/358.pdf.

Bombardier (2014), http://de.bombardier.com/de/home.html

Bruch, H. (2012): Führungsaufgabe Gesundheit – Wie man die Potenziale der Mitarbeitenden mobilisieren und erhalten kann, http://www.phzh.ch/Documents/phzh.ch/Ueber-uns/Veranstaltungen/Symposium_Personalmanagement/2012/2012_Hauptreferat1_Heike-Bruch.pdf

Bruch, H. und Kunz, J. (2009), Organisationale Energie durch Personalarbeit freisetzen und erhalten, in: Schwuchow, K., Guttmann, J. (2009), Jahrbuch Personalentwicklung 2009: Ausbildung, Weiterbildung, Management Development, Hermann Luchterhand Verlag, Köln, S. 5–14.

Bruch, H. und Menges, J. (2010), The Acceleration Trap, Harvard Business Review, 88, S. 2–6.

Körner, S. (2014), Die Beschleunigungsfalle in organisationalen Veränderungen – Einer ressourcenorientierte Führungsperspektive, http://verdi.unisg.ch/www/edis.nsf/SysLkpByIdentifier/4225/$FILE/dis4225.pdf.

Lufthansa (2014), http://www.lufthansa.com/DE/de/Homepage?WT.srch=1&WT.mc_id=SEABRAND_DE_de&subID=1389526349217535040

© Springer Fachmedien Wiesbaden 2016
D. R. A. Schallmo, L. Brecht, *Mind the Trap – 11 typische Unternehmensfallen*,
DOI 10.1007/978-3-658-09565-9

Schönherr, K. (2011), Erfolg ist eine Frage der Energie, http://www.zeit.de/karriere/be-ruf/2011–01/organisationale-energie.

Wyssling, H. L. (2012), Wege aus der Beschleunigungsfalle – Das Burn-out in Unterneh-men, http://interviewonline.ch/artikel/wege-aus-der-beschleunigungsfalle-das-burn-out-in-unternehmen.html.

Kapitel 5

Apple (2014a), Apple, http://de.wikipedia.org/wiki/Apple.

Apple (2014b), http://exleftist.com/wp-content/uploads/2013/08/Apple-Timeline.jpg

Bohmann, T. (2011), Nachhaltige Markendifferenzierung von Commodities: Besonderheiten und Ansatzpunkte im Rahmen der identitätsbasierten Markenführung, Springer Gabler Verlag, Heidelberg.

CNN (2001), Zara, a Spanish success story, http://edition.cnn.com/BUSINESS/programs/yourbusiness/stories2001/zara/

D'Aveni, R. (2010), Beating the Commodity Trap: How to Maximize Your Competitive Position and Increase Your Pricing Power, Harvard Business Press, Boston.

Enke, M. und Reimann, M. (2005), Commodity Marketing: Grundlagen und Besonderhei-ten, Springer Gabler Verlag, Heidelberg.

Enke, M., Geigenmüller, A., Aneziris, C. und Bender, T. (2011), Commodity Marketing: Grundlagen – Besonderheiten – Erfahrungen, Springer Gabler Verlag, Heidelberg.

Görs, J. (2008), Die Commodity-Falle vermeiden, http://www.zephram.de/blog/2008/09/25/die-commodity-falle-vermeiden/.

Holiday Inn (2014), Holiday Inn, http://en.wikipedia.org/wiki/Holiday_Inn.

Holiday Inn (2015), http://www.elvispresleypedia.com/history/1950–1954.htm

Homburg, C., Staritz, M. und Bingemer, S. (2009), Wege aus der Commodity-Falle. Der Product Differentiation Excellence-Ansatz, Institut für Marktorientierte Unternehmens-führung, Mannheim.

Mahnke, T., Brecht, L., Osswald, M. (2014): Measuring commodities in B2B and their im-pact on innovation, Proceedings of the ISPIM Asia-Pacific Innovation Forum 2014, 7–10 December 2014, Singapore.

Oberstebrink, T. (2008), So verkaufen Sie Investitionsgüter: Von der Commodity bis zum Anlagenbau: Wie Sie im harten Wettbewerb neue Kunden gewinnen, Springer Gabler Verlag, Heidelberg.

Roland Berger (2014), Wege aus der Commodity – Falle Erschließung neuer Wettbewerbs-vorteile in Commodity-Märkten, Studienergebnisse, http://www.rolandberger.de/media/pdf/Roland_Berger_Wege _aus_der_Commodity_Falle_20140422.pdf.

Sanford, L. und Taylor, D. (2005), Let Go To Grow: Escaping the Commodity Trap, Prentice Hall, Upper Saddle River.

Schallmo, D., Osswald, M., Brecht, L., Kauffeldt, J., Welz, K. (2013): An approach for de-commodisation: evaluating and escaping the commodity trap, Proceedings of the XXIV ISPIM Conference: „Innovating in Global Markets: Challenges for Sustainable Growth", 16–19 June 2013; Helsinki, Finland

Zara (2014a), Zara, http://de.wikipedia.org/wiki/Zara_(Unternehmen).

Zara (2014b), http://de.wikipedia.org/wiki/Zara_(Unternehmen).

Zara (2014c), http://www.fabeau.de/wp-content/uploads/2011/04/Zara_Sydney.jpg

Kapitel 6

Borgward (2015), http://digitalpostercollection.com/wp-content/uploads/2014/05/1958-Borgward-Isabella.jpg

Cole, R. (2010), Toyota's Hyper Growth and Complexity Trap, https://hbr.org/2010/02/toyota-the-downside-of-hyper-g

Henkel (2015), http://www.henkel.de/marken-und-unternehmensbereiche

Hoffmann, J. (2000), Komplexitätsbewältigung im Unternehmen, http://www.economics.phil.uni-erlangen.de/lehre/bwl-archiv/lehrbuch/hst_kap1/komplmgt/komplmgt.htm

Klesse, H.-J. (2014), Mit schlankeren Strukturen zu mehr Profit, http://www.wiwo.de/erfolg/management/komplexitaet-mit-schlankeren-strukturen-zu-mehr-profit/6062252.html.

Schreiber, B. (2008) Regaining control – How to break free from the complexity trap, http://www.adlittle.de/uploads/tx_extthoughtleadership/OM_2008_Regaining_Control.pdf

Trigon (2013), Die Komplexitätsfalle, http://www.trigon.at/mediathek/pdf/trigon_themen/2012/img/TT-131.pdf

Kapitel 7

Daimler (2006a), DaimlerChrysler sells former Group headquarters in Stuttgart-Möhringen to IXIS Capital Partners Ltd., http://www.daimler.com/dccom/0-5-7171-1-650496-1-0-0-0-0-0-8-7164-0-0-0-0-0-0-0.html.

Daimler (2006b), Daimler sells Potsdamer Platz complex to SEB Asset Management http://www.daimler.com/dccom/0-5-7164-1-1027298-1-0-0-0-0-0-12037-7164-0-0-0-0-0-0-0.html.

Daimler (2014) http://www.daimler.com/dccom_de

Ibo (2015), https://www.ibo.de/glossar/definition/Rollierende_Korridorplanung.html

Koller, T., Raj, R. und Saxena, A. (2013), Avoiding the Consensus Earnings Trap, McKinsey on Finance, 45, S. 2–8.

Mercedes Benz (2015) http://blog.mercedes-benz-passion.com/wp-content/uploads/2048_hap_2408.jpg

Rödl, C. und Dierichs, T. (2004), Mit Sale-and-Lease-Back lässt sich die Eigenkapitaldecke strecken, http://www.handelsblatt.com/unternehmen/mittelstand/neubewertung-der-stillen-reserven-durch-leasingverfahren-mit-sale-and-lease-back-laesst-sich-die-eigenkapitaldecke-strecken-seite-2/2426938-2.html.

Welt (2005), Daimler-Chrysler flirtet mit Immobilienkäufern, Spekulationen um Sale-and-Lease-Back von Autofabriken – Marktkenner bezweifeln Erfolg von Transaktionen, http://www.welt.de/print-welt/article679682/Daimler-Chrysler-flirtet-mit-Immobilienkaeufern.html.

Kapitel 8

Fortunes List (2015), http://press.fourseasons.com/news-releases/2014/employer-of-choice-four-seasons-hotels-and-resorts-named-to-fortune-list-of-the-100-best-companies-to-work-for-fo-17th-consecutive-year/

Four Seasons (2014), http://www.fourseasons.com/about_four_seasons/isadore-sharp/
J. D. Power and Associate's (2015), http://www.jdpower.com/de/node/5261
Martin, R. L. (2010), The Execution Trap, Harvard Business Review, 88, S. 64–71.
Martin, R. L. (2014), http://rogerlmartin.com/.

Kapitel 9

Beeger (2014), Beeger, B., Eine Chronik des Scheiterns, http://www.faz.net/aktuell/wirt-schaft/flughafen-ber-eine-chronik-des-scheiterns-13087506.html#FAZNavigation
Insead (2014a), Kishore Sengupta, http://www.insead.edu/facultyresearch/faculty/profiles/ksengupta/.
Insead (2014b), Luk Van Wassenhove, http://www.insead.edu/facultyresearch/faculty/profiles/lvanwassenhove/.
Naval Postgraduate School (2014), Tarek Abedel-Hamid, http://faculty.nps.edu/vitae/cgi-bin/vita.cgi?p=display_vita&id=1023567788.
RBB (2014), Der lange Weg zum neuen Flughafen, http://www.rbb-online.de/politik/Flug-hafen-BER/BER-Aktuelles/hintergrund/chronologie__der_lange.html
Sengupta et al. (2008), Sengupta, K., Abdel-Hamid, T. K., Wassenhove, V. und Luk., N. (2008), The Experience Trap, Harvard Business Review, 86, S. 94–101.s

Kapitel 10

Bremer, M. und McKibben, B. (2011), Escape the Improvement Trap, http://www.cumber-landchicago.com/documents/Escape_the_Improvement_Trap.pdf.
CBC (2015) http://www.cbc.ca/news/business/eiji-toyoda-engineer-who-helped-build-toyo-ta-dies-at-100-1.1857626 (Paul Sakuma/Associated Press)
Sinocchi, M. (2010), The Improvement Trap, http://leaninsider.productivitypress.com/2010/10/improvement-trap.html.
Toyota (2014) http://www.toyota.de/?WT.mc_id=Toyota_Brand&WT.adsite=Google&WT.srch=1&ds_medium=cpc

Kapitel 11

Barske, H. (2009), Die 10 gefährlichsten Innovationsfallen, http://www.symposion.de/kapi-tel03680401_WERK7001002.html.
Dinger, R. (2004), Dachmarke: Acht Strategiefallen, Dachmarkeninflation: Auslaufmodell des 20. Jahrhundert?, http://markenlexikon.com/d_texte/dachmarken_8_strategiefallen_dingler_2004.pdf.
Kanter, R (2006), Innovation: The Classic Traps, Harvard Business Review, 2006, 84, S. 73–83.

Meyer, J.-U. (2012), Media Markt in der Innovationsfalle, http://www.handelsblatt.com/unternehmen/handel-dienstleister/gastbeitrag-media-markt-in-der-innovationsfalle/6325146.html.
Media Markt (2015), http://www.mediamarkt.de/
Time Incorporated (2015), www.timeinc.com.

Kapitel 12

De Beers (2015), www.debeers.com
Korhonen, J.-J. (2009), Anatomy of Agile Enterprise, Don't Fall in the Alignment Trap, http://www.ebizq.net/blogs/agile_enterprise/2009/11/dont-fall-in-the-alignment-trap.php.
Puryear, R., Berez, S. and Shah, S. (2008), Is your company caught in an IT alignment trap?, http://www.bain.com/publications/articles/is-your-company-caught-in-an-it-alignment-trap.aspx.
Schwab (2015), www.schwab.com/
Shpilberg, D., Berez, S., Puryear R. und Shah, S. (2007), Avoiding the Alignment Trap: in IT, MIT Sloan Management Review, 2007, 48, S. 51–58.

Kapitel 13

Enterprise (2015), http://www.enterprise.de/car_rental/home.do?language=de
Likierman, A (2009), The 5 Traps of Performance Measurement, http://hbr.org/2009/10/the-five-traps-of-performance-measurement/ar/1.
Softbank (2015) http://www.softbank.jp/en/corp/
Sourcing Innovation (2010), Avoid the Five Traps of Performance Measurement, http://sourcinginnovation.com/wordpress/2010/03/10/avoid-the-five-traps-of-performance-measurement/.

Kapitel 14

Federowski, R.; Kersting, P. (2005), The Routine Trap, Think:act: Executive Magazine of Roland Berger Strategy Consultants, 2005, 2, S. 36–37.
Wirtschaftswoche (2014), http://www.wiwo.de/unternehmen/handel/rote-zahlen-die-groessten-baustellen-von-karstadt/10338904.html?slp=true&p=7&a=false#image (dpa)

The manufacturer's authorised representative in the EU is Springer
Nature Customer Service Centre GmbH, Europaplatz 3, 69115 Heidelberg,
Germany. If you have any concerns regarding our products, please
contact ProductSafety@springernature.com

Printed and bound by CPI Group (UK) Ltd, Croydon, CR0 4YY
27/04/2026
02097619-0004